高等职业教育新形态精品教材

网店美工实战教程

主　编　王月婷　聂爽爽　应吉平
副主编　马艳丽
参　编　池瑜莉　贾　敏

ONLINE SHOP ART ACTUAL COMBAT TUTORIAL

北京理工大学出版社
BEIJING INSTITUTE OF TECHNOLOGY PRESS

内容提要

本书根据完成网店美工岗位典型的工作任务所需要具备的职业技能，共分为基础篇、抠图篇、修图篇、应用提高篇4个项目，并通过企业真实的工作案例分别讲授基础工具、抠图工具、修图工具和工具的综合应用。本书图文并茂，实用性强，通过本书的学习，读者能够轻松掌握相关知识和技能，并对所学知识和技能进行有效的迁移，有利于读者快速掌握网店美工工作岗位所需职业技能。

本书可以作为高等职业院校艺术设计专业的教材，也可作为网店美工工作人员的参考用书。

版权专有　侵权必究

图书在版编目（CIP）数据

网店美工实战教程 / 王月婷，聂爽爽，应吉平主编. —北京：北京理工大学出版社，2019.10（2022.1重印）
ISBN 978-7-5682-7869-0

Ⅰ.①网⋯　Ⅱ.①王⋯②聂⋯③应⋯　Ⅲ.①网店－设计－教材　Ⅳ.①F713.361.2

中国版本图书馆CIP数据核字（2019）第242455号

出版发行 / 北京理工大学出版社有限责任公司	
社　　址 / 北京市海淀区中关村南大街5号	
邮　　编 / 100081	
电　　话 / （010）68914775（总编室）	
（010）82562903（教材售后服务热线）	
（010）68944723（其他图书服务热线）	
网　　址 / http：//www.bitpress.com.cn	
经　　销 / 全国各地新华书店	
印　　刷 / 河北鑫彩博图印刷有限公司	
开　　本 / 889毫米×1194毫米　1/16	
印　　张 / 8.5	责任编辑 / 陈莉华
字　　数 / 237千字	文案编辑 / 陈莉华
版　　次 / 2019年10月第1版　2022年1月第4次印刷	责任校对 / 周瑞红
定　　价 / 52.00元	责任印制 / 边心超

图书出现印装质量问题，请拨打售后服务热线，本社负责调换

前言 PREFACE

随着电子商务的快速发展，越来越多的企业和个人选择在网上开店，因此企业之间的竞争也日益加剧。要想在众多商家中脱颖而出，首先要通过视觉刺激吸引消费者的眼球，然后一步一步引导消费者下单。因此，通过视觉刺激促进消费的营销手段成了商家的制胜秘诀，所以网店美工便成了电商企业不可缺少的典型工作岗位。

高等院校教学应当侧重于提高学生的专业技能和实践能力，但笔者发现目前出版的大部分网店美工方向的教材多以讲解工具为主，很少有结合实际的工作案例讲解工具的使用方法及技巧的教材。学生学完之后很难快速地将学到的知识应用到网店美工的实际工作中去，需要很长一段时间的实习期，这就导致了学校教育与企业需求的脱节。

为了改变现状，笔者所在教学团队一直尝试着对网店美工系列课程进行教学改革，经过多年的努力，目前取得了一定的成果，本教材便是多年的教学成果之一。本教材打破了常规的教材编写思路，将真实的企业工作案例设计成包含知识点和技能点的典型工作任务，然后以完成典型的工作案例为目的展开知识点和技能点的讲解，因此学生完成工作案例的同时便完成了对应知识点和技能点的构建，从而实现专业技能和实践能力同时培养的目的。本书具有以下特点：

1. 能力本位，模式新颖

紧跟行业发展，融入新商科思想，根据网店美工职业岗位对新商科专业人才的要求，通过分析网店美工职业岗位的典型工作任务以及完成典型工作任务所需的职业能力，将整门课程分为基础篇、抠图篇、修图篇、应用提高篇4个教学项目。每个教学项目分解为若干个教学任务，每个教学任务的开展均实现企业真实项目进课堂，校企联合育人，共同开展"教、学、做、享、用"的课堂教学模式改革，课下依托信息化教学平台以及工作室的实战项目继续深化美工技能培养，较好地实现了"工学结合，知行合一"的学习过程。

2. 教法灵活，学生主导

可以依托本教材，充分利用"互联网+"平台，以学生为主导进行线上线下混合式教学，最大限度延展课程。可以通过课前线上学习、翻转课堂，培养学生自主学习能力；通过课堂重难点梳理，保障学习的科学性和系统性；通过独立完成实训任务，培养学生分析问题、解决问题的职业核心能力；通过个别指导和评价反馈，培养学生刻苦钻研、严谨求实的态度。

3. 内容详尽，资源齐全

本书案例丰富、内容详尽，素材、微课、人才培养方案、教案等配套资源齐全，一方面方便学生自学，另一方面也方便教师实施教学。本书配套资源请扫码关注"建艺通"微信公众号，输入"网店美工实战教程"获取。

本书由绍兴职业技术学院的王月婷、聂爽爽、应吉平担任主编，由绍兴职业技术学院的马艳丽担任副主编，由绍兴职业技术学院的池瑜莉、贾敏参编。

本书的编写得到了很多同事的大力支持，在此深表谢意。

尽管编者在编写过程中付出了很大努力，但由于水平有限，书中难免有疏漏之处，恳请相关院校师生和读者批评指正。

编　者

"建艺通"微信公众号

目录 CONTENTS

项目一 基础篇 001

第一讲 移动工具 001
典型工作任务一：为海报添加模特 001
典型工作任务二：为详情页添加模块标签 004

第二讲 文字工具 006
典型工作任务一：对宣传册中的大段文字进行排版 006
典型工作任务二：为海报添加图案文字 014
典型工作任务三：在海报上设计不规则形状的区域文字 015

第三讲 画笔工具 016
典型工作任务一：为海报添加发光效果 019
典型工作任务二：为水晶鞋添加发光效果 020
典型工作任务三：为产品剖析图添加虚线 021
典型工作任务四：为详情页添加水印 022

第四讲 图层 023
典型工作任务一：图片合成 030
典型工作任务二：给海报添加图层样式 030
典型工作任务三：给模特换装 032

项目二 抠图篇 034

第一讲 选框工具组 034
典型工作任务一：为手提袋做一个卖点解析图 034
典型工作任务二：设计工商银行的标志 036
典型工作任务三：给小鸡移植美女的大眼睛 038

第二讲 套索工具组 039
典型工作任务一：利用套索工具制作坚果海报 039
典型工作任务二：利用多边形套索工具制作灯具海报 041
典型工作任务三：利用磁性套索工具制作衬衣海报 042

第三讲 快速选择工具抠图 044
典型工作任务一：抠手提袋 044
典型工作任务二：利用魔棒工具抠取模特 045

第四讲 钢笔工具抠图 046
典型工作任务：利用钢笔工具抠取行李箱 046

第五讲 背景橡皮擦抠图 050
典型工作任务一：利用背景橡皮擦抠取半透明鲜花 050
典型工作任务二：利用背景橡皮擦抠取形状复杂的鲜花 052

第六讲 蒙版抠图 053
典型工作任务一：利用蒙版抠取婚纱照 053
典型工作任务二：利用蒙版抠取玻璃酒杯 055

项目三 修图篇 058

第一讲 裁剪工具 058

典型工作任务一：裁剪模特图…………058	第八讲　模糊与锐化工具…………085
典型工作任务二：裁剪具有透视效果的计算机屏幕…………060	典型工作任务：虚化局部背景…………085
第二讲　污点修复画笔工具…………061	第九讲　模糊滤镜…………086
典型工作任务一：处理掉小番茄图片中的绳子和水印…………061	典型工作任务：虚化背景…………086
典型工作任务二：更改广告图价格…………062	第十讲　液化滤镜…………090
第三讲　仿制图章工具…………063	典型工作任务：给模特瘦身…………090
典型工作任务：去掉模特图中的杂物…………063	第十一讲　消失点滤镜…………094
第四讲　修复画笔工具…………065	典型工作任务：为海报添加广告词…………094
典型工作任务：去除照片上的污点…………065	第十二讲　自由变换…………096
第五讲　修补工具…………067	典型工作任务一：调整模特大小…………096
典型工作任务：处理掉图片中的文字…………067	典型工作任务二：对模特进行变形处理…………099
第六讲　图案图章工具…………070	典型工作任务三：为计算机制作屏保图案…………100
典型工作任务：设计海报背景…………070	典型工作任务四：为海报添加透视效果的桌面…101
第七讲　图像调色…………072	典型工作任务五：将平面的蝴蝶变成立体的蝴蝶…………102
典型工作任务一：调整整体偏暗的行李箱…………073	典型工作任务六：修复变形的衣服…………104
典型工作任务二：调整大红枣产品图…………074	第十三讲　"变换"｜"再次"…………105
典型工作任务三：制作丑橘主图…………075	典型工作任务：为海报添加圆点营造气氛…………105
典型工作任务四：调整丑橘的亮度及色彩…………076	第十四讲　渐变工具…………109
典型工作任务五：调整模特图使颜色更加鲜艳…………077	典型工作任务一：制作渐变文字…………109
典型工作任务六：调整大红枣图像…………078	典型工作任务二：为产品制作高光效果…………113
典型工作任务七：用红色的手机支架调出其他颜色的手机支架…………079	**项目四　应用提高篇**…………114
	第一讲　字体设计…………114

典型工作任务一：为海报设计折纸字效果……… 114

典型工作任务二：为海报设计粉笔字效果……… 115

典型工作任务三：为海报制作卡通字……………… 116

第二讲　工具综合应用……………………………… 117

典型工作任务一：处理手表表带…………………… 117

典型工作任务二：为女裤店处理模特图………… 118

典型工作任务三：设计平板电脑海报……………… 121

典型工作任务四：设计女包活动海报……………… 125

典型工作任务五：设计显示器海报………………… 128

PROJECT ONE

项目一 基础篇

第一讲 移动工具

移动工具是 Photoshop 软件中使用频率非常高的工具，其主要功能是负责图层、选区等的移动、复制操作。

典型工作任务一：为海报添加模特

任务解析：

移动图 1-1 中的模特到图 1-2 中，并调整模特的大小和位置，做出如图 1-3 所示的广告图。

图 1-1

图 1-2

图 1-3

知识点讲解：

Photoshop 工作界面如图 1-4 所示。

图 1-4

移动工具使用方法

（1）移动工具使用方法。首先选中工具箱中的移动工具，然后单击想要移动的元素所在的图层使其处于当前活动图层，之后在工作界面按住鼠标左键，就可以上下左右自由移动该图层。

用移动工具移动图层的时候，如果图层如图 1-5 所示处于锁定状态，那么必须先解锁图层才能用移动工具进行移动。双击被锁图层会弹出如图 1-6 所示的"新建图层"对话框，修改"名称"等参数后单击"确定"按钮即可解锁图层。

图 1-5

图 1-6

当使用移动工具移动图层的时候，图层上所有元素会跟着一起移动，不同图层之间互不影响。下面我们对在同一图层或不同图层下使用移动工具的方法进行详细讲解。

① 白色背景和模特在同一个图层时（图 1-7），移动图 1-8 中的模特，则白色背景跟着一起移动，如图 1-9 所示。

图 1-7

图 1-8　　　　　　　　　　图 1-9

项目一 基础篇 003

②白色背景和模特在不同的图层时（图 1-10），移动图 1-8 中的模特，白色的背景则不受影响，如图 1-11 所示。同理移动白色的背景，模特也不会受影响。

图 1-10

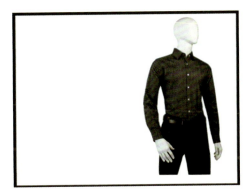

图 1-11

（2）运用移动工具进行快速复制。如果移动元素的同时按下 Alt 键，则可复制出与之相同的元素，原来的元素仍留在原来的位置，移动的是复制出来的元素。

（3）移动一个文件中的图像到另外一个文件上。选中要移动的元素，按下鼠标左键不要松手，将其拖到第二个文件的"文件名"上，当第二个文件的文件名变亮时，继续拖动鼠标，直到要移动的元素出现在第二个文件上。

移动工具属性：显示变换控件

（4）移动工具属性：显示变换控件。在移动工具选项栏勾选"显示变换控件"复选框，当前图层的图像上就会出现 8 个控制柄和一个旋转中心（图 1-12）。4 个顶点上的控制柄为角点，4 条边上的控制柄为边点。鼠标放到蓝色标注的边点上时，会出现水平方向的双向箭头，这时水平拖动边点可以对模特进行水平方向的缩放；鼠标放到绿色标注的边点上时，会出现垂直方向的双向箭头，这时垂直拖动边点可以对模特进行垂直方向的缩放；鼠标放到红色标注的角点上时，会出现 45°方向的双向箭头，斜着拖动角点可以同时对模特进行水平和垂直方向的缩放，如果拖动的同时按下 Shift 键还可以进行等比例缩放；黄色标注的为旋转中心，把鼠标放到控制线之外会出现弧形双向箭头，拖动鼠标，模特就会绕着旋转中心旋转。旋转中心的位置可以移动到任何位置，甚至可以移动到模特之外。

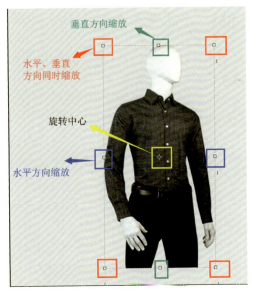

图 1-12

步骤解析：

Step1： 用 Photoshop 打开图 1-1 和图 1-2，然后拖动图 1-1 中的模特到图 1-2 的文件名上，当图 1-2 的文件名变亮的时候，拖动模特到图 1-2 中，完成模特在两个文件之间的移动，得到图 1-13 所示的效果。

Step2： 勾选"显示变换控件"复选框，通过模特周围出现的控制柄，调整模特的大小和位置，调整完成后单击工具栏的提交按钮或按下 Enter 键完成操

图 1-13

作，得到如图 1-14 所示的效果。

图 1-14

典型工作任务二：为详情页添加模块标签

任务解析：

参照图 1-15 所示"产品参数"模块标签，为详情页添加"产品解析""效果展示""产品展示"模块标签。

图 1-15

知识点讲解：

勾选移动工具选项栏的"自动选择"复选框，可以比较智能地选择图层对象，不用专门切换图层。"自动选择"有"图层"和"组"两个选项。选择"图层"选项时，在具有多个图层的图像上单击，系统将自动选中单击元素所在的图层。选择"组"选项时，在已合并成组的图层的图像上单击，系统将自动选中单击元素所在的组。

步骤解析：

Step1： 单击"图层"面板下面的"创建新组"按钮，新建一个组，双击文件名，重命名为"标签"，如图 1-16 所示。

Step2： 将横线、矩形框、产品参数、Product parameter 这 4 个图层拖到"标签"组里面，如图 1-17 所示。

Step3： 在移动工具选项栏勾选"自动选择"复选框，属性选择"组"，如图 1-18 所示。

图 1-16　　　　图 1-17　　　　图 1-18

Step4： 按 Alt 键，向下拖动绿色矩形框，移动并复制出来一个"标签"副本，为了让所有的标签对齐，向下拖动的时候再按下 Shift 键，用于保证是向下垂直拖动，不会左右水平偏移。按照同样的方法再操作两次，移动并复制另外两个"标签"副本，效果如图 1-19 所示。

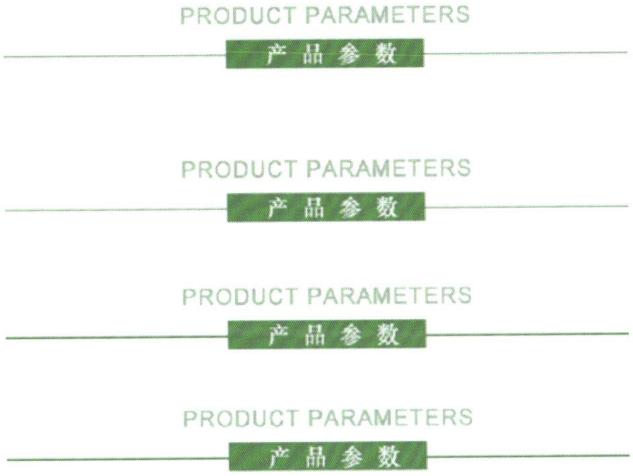

图 1-19

Step5： 修改"标签"副本的中文和英文标题如图 1-20 所示。

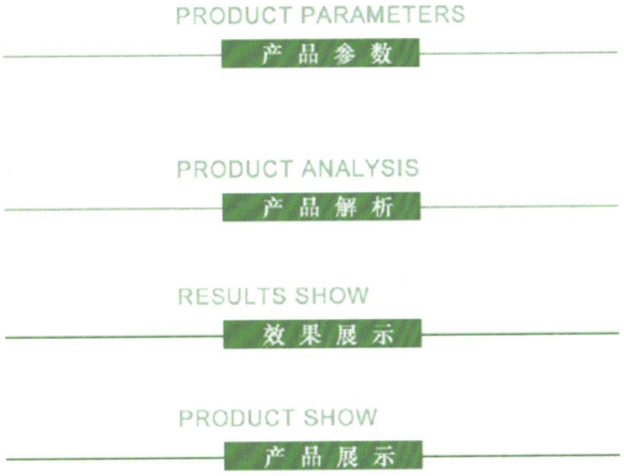

图 1-20

Step6： 将移动工具选项栏"自动选择"属性改成"图层"，依次移动"标签"副本的英文位置，使英文标题居中对齐，如图 1-21 所示。

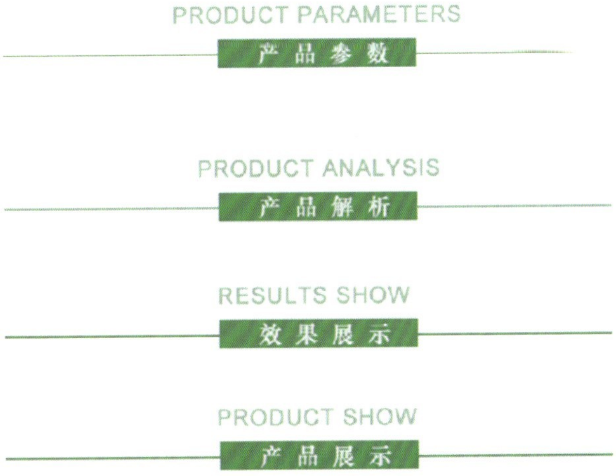

图 1-21

Step7: 将移动工具选项栏"自动选择"属性改成"组",分别将制作好的"产品解析""效果展示""产品展示"标签移动到合适的位置。

第二讲 文字工具

文字工具共有 4 个,分别是横排文字、直排文字、横排文字蒙版、直排文字蒙版。下面将以横排文字工具为典型来介绍。

典型工作任务一:对宣传册中的大段文字进行排版

任务解析:

宣传册大都用来介绍企业实力、优惠活动等信息。由于宣传册中包含大段文字,且要实现图文混排效果,这就需要我们能够灵活地对文字进行排版,如图 1-22 所示。

图 1-22

知识点讲解:

选择横排文字工具后,在画面中单击,单击处会出现输入光标,根据需要输入文字即可,按 Enter 键可进行换行,输入完成后需要按 Ctrl+Enter 键或单击文字工具选项栏的提交按钮✔。这种输入方式称为点文字。但这种输入方式有一个缺点,文字不能自动换行。

步骤解析：

Step1： 在宣传册空白处单击，建立点文字。因为点文字不会自动换行，如果文字太多会出现排到画布外面的情况，如图 1-23 所示。

文字工具典型工作任务
步骤解析

图 1-23

Step2： 按 Enter 键对点文字进行换行，如图 1-24 所示。

图 1-24

Step3： 完成换行后，还需按 Space 键对段落进行首行缩进。当完成首行缩进时，第一行多的两个字因为不会自动换行，所以无法自动转移到下一行，只能往后排，如图 1-25 所示。如果将多余的两个字手动换行到下一行，则会单独成一行，这就出现了新的问题，如图 1-26 所示。

图 1-25

图 1-26

Step4: 对于上一个步骤所遇到的换行问题,我们可以采取以下方法加以解决:撤销所有的换行,重新手动换行,如图 1-27 所示。

图 1-27

Step5: 换行完毕后,由于宣传册文字字号太大,导致宣传册没有留白,文字的可读性不高,因此,需要调小字号。当文字调小之后又出现新的问题:文字后面的留白太多,如图 1-28 所示。

图 1-28

Step6: 针对上述问题，我们可以再利用撤销所有的换行，重新手动换行的方法加以解决，如图 1-29 所示。

图 1-29

经过一番操作之后我们终于把问题解决了，但试想一下，如果要在这段文字中间加几个字，是不是还要撤销所有的换行，重新手动换行？因为点文字不能自动换行，所以牵一发而动全身，我们进行这项修改将周而复始，永无尽头，而段落文字刚好解决了这个问题。段落文字可编辑性很强，非常灵活。无论是首行缩进、改变字号还是添加文字，都可以自动换行，重新排版。

下面我们就具体讲解一下段落文字的创建和使用方法，选择文字工具后，在画面中按住鼠标左键并拖动，会形成一个矩形框，在矩形框内输入文字，文字会自动换行，如图 1-30 所示。

段落文字

图 1-30

为了便于观察变化，我们先把每行相邻文字调成不同的颜色，如图 1-31 所示。

（a）调颜色

图 1-31

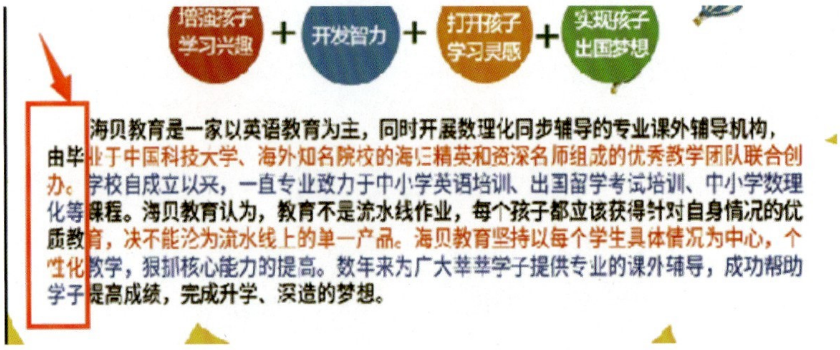

（b）首行缩进

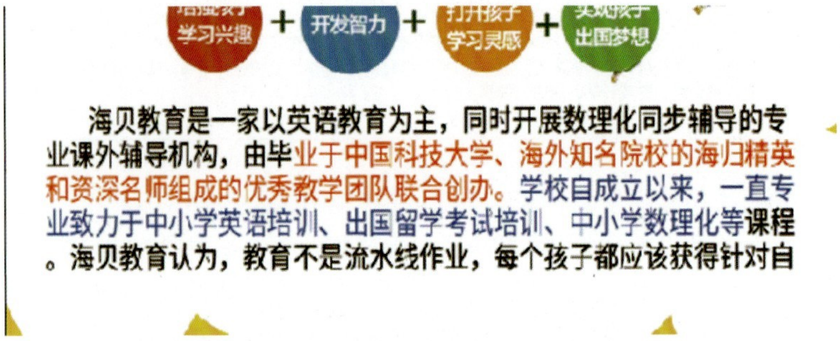

（c）改变字号

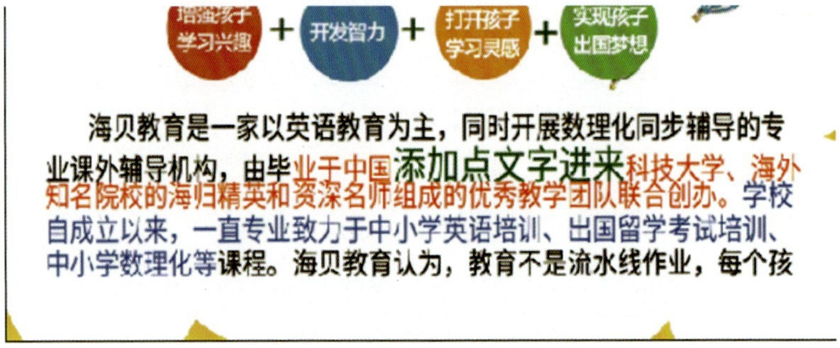

（d）添加文字

图 1-31（续）

除此之外，还可以对文本框进行改变大小、旋转、斜切等操作，文字会随之变化，如图 1-32 所示。

（a）改变文本框大小

图 1-32

（b）旋转

（c）斜切

图 1-32（续）

输入完成后 Photoshop 会自动建立一个文字图层，将文字以独立图层的形式存放，图层名称就是文字的内容。文字图层具有和普通图层一样的性质，如图层混合模式、不透明度等，也可以使用图层样式。

如果要更改已输入的文字内容，在选择了文字工具的前提下，将鼠标停留在文字上方，光标将变为 I，点击后即可进入段落编辑状态。可以在段落中拖动选择多个字符后单独更改选中字符的相关设定，文字工具选项栏如图 1-33 所示。下面我们将对文字工具选项栏的各选项进行详细讲解。

文字工具使用方法

图 1-33

排列方向：排列方向决定文字以横向排列（即横排）还是以竖向排列（即直排），其实选用横排文字工具或是直排文字工具都不太重要，因为编辑时可以通过"切换文本取向"按钮切换文字排列的方向。使用时文字层不必处于编辑状态，只需要在"图层"面板中选择即可生效。需要注意的是，即使文字层处于编辑状态，并且只选择其中一些文字，但该选项还是将改变该层所有文字的方向，也就是说，这个选项不能针对个别字符。

字体：在"字体"选项中可以选择使用何种字体，不同的字体有不同的风格。

Photoshop 所使用的字体是系统自带字体，因此，对操作系统字库的增减会影响 Photoshop 能够使用的字体数量。需要注意的是，如果选择英文字体，可能无法正确显示中文，所以，输入中文时应使用中文字体。Windows 系统默认附带的中文字体有宋体、黑体、楷体等。

形式：字体形式有 4 种，分别是 Regular(标准)、Italic(倾斜)、Bold(加粗)、BoldItalic(加粗并倾斜)。可以为同在一个文字图层中的每个字符单独指定字体形式。并不是所有的字体都支持更改形式，大部分中文字体都不支持，不过可以通过“字符”面板来指定。“字符”面板会在后面的段落里进行详细介绍。

大小：字体大小也称为字号，下拉列表中有常用的几种字号，也可手动设定字号。字号的单位有“像素”“点”“毫米”三种。

抗锯齿：“抗锯齿”选项用于控制字体边缘是否带有羽化效果。如果字号较大，应开启该选项以得到光滑的边缘，这样文字看起来较为柔和。但对于较小的字号来说，开启“抗锯齿”选项可能导致阅读困难。这是因为较小的字本身的笔画就较细，在较细的部位羽化就容易丢失细节，此时关闭“抗锯齿”选项反而有利于清晰地显示文字，如图 1-34 所示。该选项只针对文字图层整体有效。

单位与标尺
单位
标尺(R): 像素
文字(Y): 像素
锐利
边缘
边缘
无
边缘
边缘

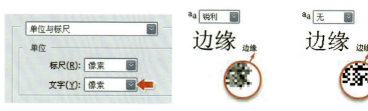

图 1-34

对齐方向：用于设置文字的对齐方向有左对齐、中对齐或右对齐，这对于多行的文字内容尤为有用。如图 1-35 所示分别是文字左对齐、中对齐和右对齐的效果。可以为同一文字层中的不同行指定不同的对齐方式。如果文字方向为直排，对齐方式将变为顶对齐、居中对齐、底对齐。

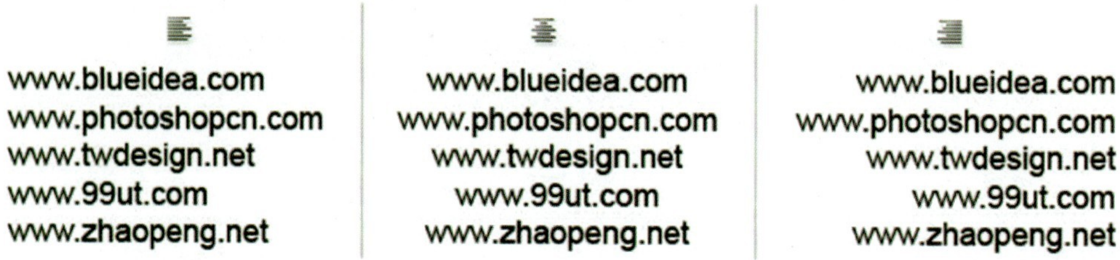

www.blueidea.com
www.photoshopcn.com
www.twdesign.net
www.99ut.com
www.zhaopeng.net
www.blueidea.com
www.photoshopcn.com
www.twdesign.net
www.99ut.com
www.zhaopeng.net
www.blueidea.com
www.photoshopcn.com
www.twdesign.net
www.99ut.com
www.zhaopeng.net

图 1-35

颜色：用于改变文字的颜色，可以针对单个字符，如图 1-36 所示。如果设置了单独字符的颜色，当选择文字图层时工具选项栏中的颜色缩览图将显示为“?”。

在更改文字颜色时，如果通过“颜色”面板来选取颜色，效率很低，特别是要更改大量的独立字符时非常麻烦。在选择文字后通过“色板”面板来选取颜色则速度较快。如果某种颜色需要反复使用，可以将其添加到“色板”面板中 (拾取前景色后，单击“色板”面板下方的“新建”按钮即可)。需要注意的是，字符处在被选择状态时，颜色将反相显示，如图 1-37 所示，在色板中指定为黄色后，在图像中却显示为蓝色，取消选择后颜色即可恢复正常。

www.blueidea.com
www.photoshopcn.com
www.twdesign.net
www.zhaopeng.net

图 1-36

.com
颜色
色板
样式

图 1-37

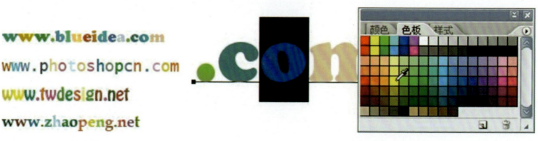

变形：变形功能可以令文字产生变形效果，如图 1-38 所示。可以选择变形的样式及设置相应的参数，变形效果如图 1-39 所示。需要注意的是，其仅针对整个文字图层而不能单独针对某些文字。如果要制作多种文字变形混合的效果，可以通过将文字分次输入到不同文字层，然后分别设定变形的方法来实现。

图 1-38　　　　　　　　　　　　　　图 1-39

文字图层是一种特殊的图层，不能通过传统的选取工具来选择某些文字（转换为普通图层后可以，也称为栅格化图层，但不能再更改文字内容），而只能在编辑状态下，拖动鼠标在文字中去选择某些字符。如果选择多个字符，则字符之间必须是相连的。例如，要将 BLUE 字样中的字符 B 和字符 E 改为蓝色，由于它们之间不相连，只能先选择 B 进行更改，再选择 E 进行更改。如果是更改字符 B 和 L，就可以一次拖动选择 B 和 L，然后统一更改。

在文字工具选项栏中，有些选项是不能针对单个字符的。它们是"排列方向""抗锯齿""对齐方向""变形"。其中除了"对齐方向"选项可以针对文字行以外，其余都只能针对整个文字图层。

以上是在文字工具选项栏中出现的选项。执行菜单栏中的"窗口"|"字符"命令，就会弹出"字符"面板，在其中可以对文字进行更多的设置，如图 1-40 所示。在实际使用中很少直接在工具选项栏中更改选项，大多数都是通过"字符"面板完成对文字的调整。其中的字体、字体形式、字号、颜色、抗锯齿选项就不重复介绍了，下面对另外几个常用的选项进行讲解。

行距：用于控制文字行之间的距离。行距设置为"自动"时，则会跟随字号的改变而改变，当

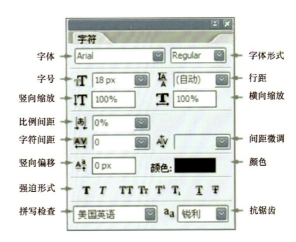

图 1-40

行距设置为固定的数值时则不会随字号的改变而改变。因此，如果手动设置了行距，在更改字号后也要重新设置行距。如果行距设置过小则可能出现行与行重叠的情况。图 1-41 是自动行距与手动指定为 12 像素行距的比较。

竖向缩放 / 横向缩放：竖向缩放相当于把字体变高或变矮，横向缩放相当于把字体变胖和变瘦，数值小于 100% 为缩小，大于 100% 为放大。图 1-42 中 3 个字分别为标准、竖向 50%、横向 50% 的效果。

图 1-41

图 1-42

字符间距 / 比例间距：它们的作用都是更改字符与字符之间的距离，但在原理和效果上却不相同。字符间距是通过输入数值对字符间距进行调整，可以输入负值，从而使字符与字符之间的距离比默认间距更大；比例间距则是通过设置比例对字符间距进行调整，范围在 0 ~ 100% 之间。

间距微调：用来调整两个字符之间的距离，其使用方法与字符间距选项相同。但其只对某两个字符之间的距离有效。因此只有当文本输入光标置于字符之间时，这个选项才能使用。

竖向偏移：其作用是将字符进行上下调整，常用来制作上标和下标。正数为上升，负数为下降。一般来说作为上、下标的字符应使用较小的字号，如图 1-43 所示。

强迫形式：这个名称是笔者为了与文字形式相区别而起的，它的作用也和文字形式一样是将字体进行加粗、加斜等，但其选项更多。即使字体本身不支持改变形式，在这里也可以强迫指定。它与字体形式可以同时使用，效果加倍 (更斜、更粗)。其中的"全部大写字母"选项 TT 的作用是将文本中的所有小写字母都转换为大写字母。"小型大写字母"选项 Tr 的作用虽也是将所有小写字母转为大写，但转换后的大写字母将参照原有小写字母的大小，如图 1-44 所示。

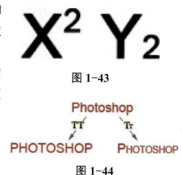

图 1-43

图 1-44

"上标"选项 T¹ 与"下标"选项 T₁ 的作用与竖向偏移类似，不同就是增加了可同时缩小字号的功能。"下划线"选项 T 与"删除线"选项 T 的作用是在字体下方及中部产生一条横线。

典型工作任务二：为海报添加图案文字

任务解析：

有时我们在设计海报时需要做图案文字，如图 1-45 所示的"夏季女装新款"这几个字就是图案文字。

步骤解析：

Step1： 选择横排文字蒙版工具，在需要的图案上单击，建立点文字，如图 1-46 所示。

Step2： 完成之后按 Ctrl+Enter 键或单击工具选项栏的"提交"按钮 ✓，刚才建立的蒙版文字就变成了选区，这个选区与用其他工具建立的选区的功能是一样的，只是蒙版文字建立的是文字形状的选区，没有建立真正的文字，如图 1-47 所示。

Step3： 通过键盘上的上、下、左、右方向键移动选区，将选区调整到合适的位置。然后选择移动工具移动选区，得到如图 1-48 所示的效果，按快捷键 Ctrl+D 取消选区。如果不想使原位置变成镂空的，在使用移动工具移动选区的时候按下 Alt 键，这样在同一个文件内移动的时候就可以自带复制功能，相当于复制出一个文字形状的图案出来。

图 1-45

图 1-46

图案文字

图 1-47　　　　　　　　　　　图 1-48

典型工作任务三：在海报上设计不规则形状的区域文字

任务解析：

有时候我们需要根据海报上图案的形状设计不规则形状的区域文字。

步骤解析：

Step1： 选择钢笔工具，根据图案的形状在海报上做如图 1-49 所示的闭合路径。

Step2： 选择横排文字工具，把鼠标移到上一步建立的路径内，当光标变成一个圆圈加文字光标的时候，单击鼠标左键，光标便会定位到建好的路径之内，此时输入文字，文字会以创建好的路径为边界自动换行，完成后单击"确定"按钮，如图 1-50 所示。

除了以上排列方式，文字还可以依照

图 1-49　　　　图 1-50

区域文字

路径来排列，路径可以是开放的也可以是闭合的。具体操作方法为：先用钢笔工具创建一条路径，然后选择文字工具，把鼠标放到路径上会出现一个曲线光标，单击鼠标左键定位光标，输入文字，文字就会沿着路径排列，如图1-51所示。

在自定义形状里面选择心形，创建心形路径，选择文字工具，把鼠标放到路径上会出现一个曲线光标，单击鼠标左键定位光标，输入文字，文字就会沿着路径排列，如图1-52所示。

一般来说，想要在Photoshop中绘制虚线和点线是比较麻烦的，但可以通过路径走向文字来实现。分别以若干字符"-"和字符"."沿路径走向排列，即可形成虚线和点线，也可以综合使用其他字符，如图1-53所示。而虚线的形态可以通过字符调板来控制，通过字号来控制虚线的大小，通过字符间距来控制虚线间隙的大小。

图 1-51　　　　　　　　　图 1-52　　　　　　　　　图 1-53

第三讲　画笔工具

画笔工具，顾名思义，就是用来绘制图画的工具。画笔工具是手绘时最常用的工具，它可以用来上色、画线等。

画笔工具在电商美工设计中的应用非常广泛，也非常灵活。所以要学会分析实际需求，然后多动脑、多思考用什么工具解决自己的难题。

（1）画笔的颜色默认为前景色的颜色。设置前景色为黑色，绘制头的外轮廓，如图1-54所示。设置前景色为橙色，绘制眼睛，如图1-55所示。设置前景色为蓝色，绘制嘴巴，如图1-56所示。

图 1-54　　　　　　　　　图 1-55　　　　　　　　　图 1-56

（2）单击画笔工具选项栏"画笔预设选取器"旁边的下拉三角按钮，在弹出的面板中可以设置画笔的大小、硬度、笔刷，如图1-57所示。

设置画笔大小：画笔大小就是笔触的粗细，可以直接在"大小"右侧的文本框中输入像素值调整画笔大小，也可以拖动"大小"下面的滑块调整画笔大小，或者使用快捷键调整画笔大小，按"["键调小，按"]"键调大。下面我们看一个实例，将画笔硬度设置为100%，画笔大小分别设置为5、10、15、20、25像素，绘制点和线，得到如图1-58所示的效果。

设置画笔硬度：画笔硬度可以理解为笔触画在纸上的力度。百分比大则力度大、颜色深，笔迹与周围的对比就会更加明显。百分比小则力度小，形成一种类似羽化的效果，能够更好地融入周围的环境。调整画笔的硬度可以直接在"硬度"右侧的文本框中输入数值,也可以拖动"硬度"下面的滑块,或者使用快捷键,按Shift+"["键调大硬度,按Shift+"]"键调小硬度。下面我们看一个实例,将画笔大小设置为20像素,画笔硬度分别设置为100%、75%、50%、25%、0%,绘制点和线,得到如图1-59所示的效果。

图 1-57

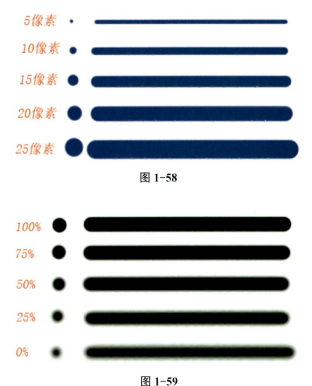

图 1-58

图 1-59

设置画笔笔刷:画笔笔刷就是画笔笔尖的形状。线是由无数个点组成的,笔触就是组成线的最小单位。下面我们看一个实例,将前景色设置成红色,选择不同的笔触,分别绘制点和直线,得到如图1-60所示的效果。

单击画笔工具选项栏"画笔预设选取器"旁边的下拉三角按钮,在弹出的面板中单击右上角的"设置"按钮,会弹出一个菜单,这个菜单中有很多预设好的画笔笔触,如混合画笔、基本画笔

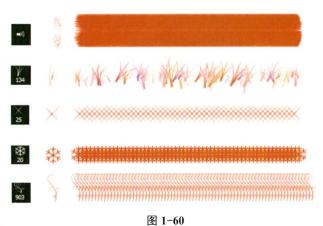

图 1-60

等。例如我们添加一个自然画笔,选择"自然画笔"选项,会弹出一个提示框,问"是否用自然画笔中的画笔替换当前的画笔?",单击"确定"按钮则会用自然画笔替换掉原来的画笔,单击"取消"按钮则会取消当前操作,单击"追加"按钮则会在原来的画笔后面添加自然画笔,如图1-61所示。

除此之外在这个设置菜单中我们还可以改变笔触的预览方式,复位画笔、载入画笔、存储画笔等,具体的使用方法将会在后面的实例中讲解。

外部画笔下载与载入:如果用户觉得系统中预设的画笔不够用,可以自己载入网上下载的abr格式的画笔笔触。选择画笔工具,单击画笔工具选项栏"画笔预设"旁边的下拉三角按钮,在弹出的面板中单击右上角的"设置"按钮,然后在弹出的菜单中选择"载入画笔"选项,会弹出"载入"

对话框，找到下载好的 abr 格式的画笔笔触，然后单击"载入"按钮，新载入的画笔就会添加到原画笔的下方，如图 1-62 所示。

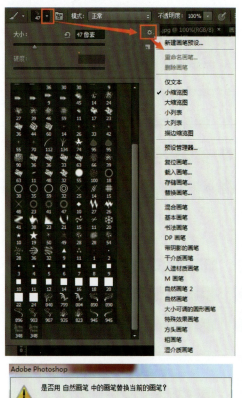

图 1-61

图 1-62

图 1-63

存储和导出画笔

自定义画笔：在使用 Photoshop 时，我们经常会用到一些特殊形状，并且是需要大量使用的形状，制作时一般会花费大量时间，这时可以将这个形状自定义成画笔来进行绘制，这样能够节约时间。具体操作方法为：首先设计或者抠取好需要的图案、形状或者文字等，然后执行菜单栏的"编辑"|"定义画笔预设"命令，在弹出的"画笔名称"对话框中设置画笔的名称，之后单击"确定"按钮，新定义的画笔将会添加到原画笔的后面，如图 1-63 所示。

存储画笔：我们还可以将自己设计的画笔存储为 abr 格式分享给他人使用，具体操作步骤为：设计好画笔之后执行"存储画笔"命令，则会弹出"存储"对话框，设置好画笔存储路径和名称，单击"确定"按钮就完成了存储。之后就可以将其发布到网上供他人使用，如图 1-64 所示。

（3）高级参数设置。单击画笔工具选项栏中的"切换画笔面板"按钮或者按快捷键F5，可以调出画笔设置面板设置高级参数，如图1-65所示。

图 1-64

图 1-65

画笔工具高级参数设置

画笔笔尖形状：调整画笔的翻转、角度、圆度以及间距等相关参数可以使笔刷达到更加理想的效果。我们选择小草笔刷做一个试验，每次只改变一个参数，便于和默认笔刷进行比较，效果如图1-66所示。

形状动态：主要用于微调笔刷的尺寸、角度和圆度。如果有绘图板，可以调节倾斜。而如果用鼠标绘图，可以尝试渐隐。角度抖动和圆度抖动都可以自动调节。

散布：可以修改笔尖的布置，并且将它们散布到笔画路径的四周。

纹理：可以改变笔刷的绘制效果，增加路径绘制的纹理感觉，通过调整深度、高度、对比度和抖动的数值来调整纹理效果。

双重画笔：就是在原有笔刷基础上叠加一个笔刷，创建新的画笔。

传递：用来改变笔刷的可见度（流量和不透明度）。

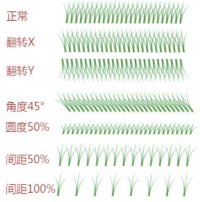

图 1-66

典型工作任务一：为海报添加发光效果

任务解析：

为了烘托海报的活动气氛，为海报添加发光效果。

步骤解析：

Step1： 打开Photoshop，导入素材，如图1-67所示。

图 1-67

画笔工具典型工作任务一步骤解析

Step2：添加混合画笔，选择"交叉排线"笔刷，设置画笔大小，将前景色设置为黄色。单击鼠标左键，添加金黄色发光效果，如图1-68所示。

图 1-68

Step3：将笔刷改成"星爆"，将前景色改成白色。单击鼠标左键，添加白色发光效果，如图1-69所示。

图 1-69

典型工作任务二：为水晶鞋添加发光效果

画笔工具典型工作任务二
步骤解析

任务解析：

黄金首饰、带钻石或水晶的产品经常需要做一些发光效果，本任务就是为水晶鞋添加钻石发光效果。

步骤解析：

Step1：打开Photoshop，导入如图1-70所示的素材。

Step2：新建一个80像素×80像素的图层。选择混合画笔里的"交叉排线"笔刷，将前景色设置为白色。在新建图层上单击，画一个笔刷上去，笔刷的颜色不用设置，因为笔刷建好之后保存的是灰度图像，不保留原图像的所有彩色颜色，如图1-71所示。

Step3：按下自由变换快捷键Ctrl+T将笔刷旋转45°，然后将笔刷缩小一些，在原来的基础上再画一个小的笔刷上去，如图1-72所示。

图 1-70

Step4：隐藏背景图层，执行菜单栏的"编辑"|"定义画笔预设"命令，在弹出的"画笔名称"对话框中将刚刚设计的画笔命名为"发光星型"，之后单击"确定"按钮。

Step5：打开水晶鞋图层，选择刚刚自定义的"发光星型"笔刷，将前景色设置成白色。单击鼠标，在水晶鞋上添加水晶发光效果，为了更加逼真可以改变画笔的大小、圆度、角度等参数，效果图如图1-73所示。

| 图 1-71 | 图 1-72 | 图 1-73 |

典型工作任务三：为产品剖析图添加虚线

任务解析：

在产品剖析图 1-74 中为产品添加虚线，将产品细节与细节放大图联系起来。

图 1-74

知识点讲解：

不同线条的表现形式如图 1-75 所示。下面介绍不同线条的具体绘画方法。

①画直线：按下 Shift 键，单击两次鼠标，两点之间就会形成一条直线。

②画圆形虚线：选择圆头画笔并设置"画笔笔尖形状"选项中的"间距"。

图 1-75

③画方形虚线：选择方形画笔并设置"画笔笔尖形状"选项中的"间距"。

④画长方形虚线：选择方形画笔并设置"画笔笔尖形状"选项中的"间距"和"圆度"。

步骤解析：

Step1：打开 Photoshop，新建一个空白图层。

Step2：选择方形画笔，设置"画笔笔尖形状"选项中的"间距"和"圆度"，将前景色设置成橙色，按住 Shift 键单击两次鼠标，便可形成一条虚线，如图 1-76 所示。

Step3：我们需要画一条 90°拐角的虚线，所以这一步需要垂直画，画完之后发现垂直的这条直线的方向不对，如图 1-77 所示。

Step4：将角度设置成 90°，然后画一条竖着的虚线，如图 1-78 所示。接下来我们就可以根据产品剖析图的实际需求为产品剖析图添加虚线。

图 1-76　　　　　　　　　　图 1-77　　　　　　　　　　图 1-78

典型工作任务四：为详情页添加水印

画笔工具典型工作任务四
步骤解析

任务解析：

很多时候人们为了使自己的宝贝详情页显得独特，会花费很多时间和精力进行设计。从产品拍摄到产品修图，再到详情页文案提炼及详情页设计，每个环节都需要精心准备，所以人们不希望自己设计的详情页被他人盗图，这个时候我们就需要给详情页添加水印。

步骤解析：

Step1：设计水印，执行菜单栏的"编辑"|"定义画笔预设"命令，将设计的水印存储为画笔，如图 1-79 所示。

图 1-79

Step2：打开详情页，选择刚刚存储的水印为画笔，调节画笔的大小，设置前景色为红色，在需要添加水印的地方单击，效果如图 1-80 所示。

Step3：根据需要调整画笔大小和前景色，在需要添加水印的地方单击，效果如图 1-81 所示。

Step4：调整画笔的角度和圆度，在需要添加水印的地方单击，效果如图 1-82 所示。

Step5：调整画笔的不透明度，在需要添加水印的地方单击，图 1-83 所示的水印的不透明度分别是 100% 和 50%。通过调节不透明度可以在我们需要突出产品的地方用浅一点的水印。

图 1-80　　　　　　　　　　　　　　　　图 1-81

图 1-82　　　　　　　　　　　　　　　　图 1-83

第四讲　图层

"图层"面板可以说是 Photoshop 图片处理的核心。图层就像是一张张透明的纸，覆盖在原始图像上，我们可以在这张透明的纸上进行涂画或写上文字，如果我们对结果满意，就可以把透明纸和图像一起装裱起来；如果不满意，就可以扔掉这层透明的纸，换一张重新画。我们还可以再覆盖上更多的透明纸或是有内容的纸，这就是Photoshop图层的概念。如图1-84所示的实例中一共有4个图层，每个图层都包含一个元素，分别是三角形、圆、正方形和背景，每个元素在一个单独的图层上。因此我们在设计的时候要养成分层的良好习惯，这样有助于进行修改和重新编辑，分层也是Photoshop的一大优点。

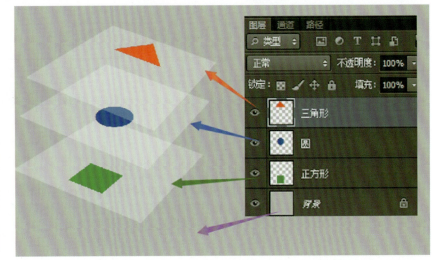

图 1-84

移动三角形和正方形的位置，使它们相互交叉，这时大家会发现三角形挡住了圆，圆挡住了正方形，如图1-85所示。如果拖动圆所在的图层，将其移动到三角形的上方，则圆会同时挡住三角形和正方形，如图1-86所示，因此在Photoshop里上面的图层对下面的图层有遮挡关系。

"图层"面板不仅包括图层，同时也提供了许多其他功能，如图1-87所示。下面我们就对这些功能进行讲解。

（1）删除图层。

将需要删除的图层或组拖到删除图标上，或者选中需要删除的图层或组为当前图层，然后单击"删除"按钮或者按Delete键都可删除图层。

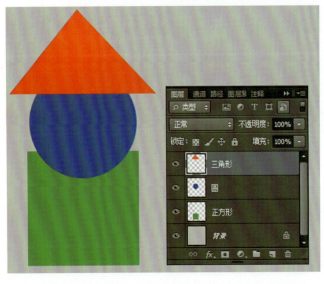

图 1-85   图 1-86

（2）新建图层。

单击"新建图层"按钮或者执行菜单栏的"图层"|"新建"|"图层"命令。双击图层名称可以对图层进行重命名。如果需要拷贝已经存在的图层，在该图层单击鼠标右键并在弹出的快捷菜单中执行"复制图层"命令或者按快捷键 Ctrl+J 即可拷贝当前图层。

（3）新建组。

组就相当于 Word 中的文件夹，可以把同一类别或者相关的图层放到同一个文件夹里。单击"新建组"按钮或者执行菜单栏的"图层"|"新建"|"组"命令。双击组名称可以对组进行重命名。

（4）新建填充或者调整图层。

新建填充图层和新建一个空白图层然后再填充颜色、渐变、图案的道理是一样的，如图 1-88 所示。调整图层详细内容会在后面章节单独讲解。

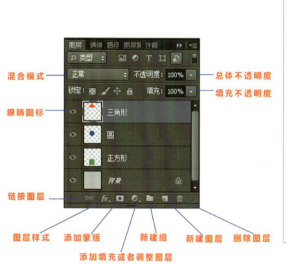

图 1-87

图 1-88

（5）添加蒙版。

添加蒙版是指在原图层上添加一个蒙版图层，如图 1-89 所示，蒙版图层相当于辅助图层，通过对图层蒙版的操作，实现处理原图层的效果，这种操作不破坏原图层，如果删除图层蒙版，原图层则恢复原样。

蒙版里只有三种颜色，即黑、白、灰。黑色表示透明，即在图层蒙版上涂画上黑色，当前图层对应的区域就会变成透明的，会露出下一个图层上的内容。例如，在"图层 0"的蒙版上画一个黑色的圆如图 1-90 所示，"图层 0"上对应的区域就会变成透明的，进而露出了下一个图层即"图层 1"上的内容，如图 1-91 所示。白色表示不透明，即图层蒙版

图 1-89

上是白色的区域，在对应的当前图层上就会变成完全不透明的，也就是说不会露出下一个图层上的内容，新建的图层蒙版本来就是白色的，所以希望保留当前图层的部分时不需要做任何处理。灰色表示半透明，如图 1-92 所示，即在图层蒙版上涂画上灰色，当前图层对应的区域就会变成半透明的，既能看到当前图层上的内容，也会露出下一个图层上的内容，如图 1-93 所示，灰度越高，透明度越高。

图层蒙版的使用方法

图 1-90　　　　　　图 1-91　　　　　　图 1-92　　　　　　图 1-93

图层蒙版因只表现出黑、白、灰三种颜色，所以即便使用彩色在图层蒙版上涂抹，图层蒙版也只识别颜色的明度。对图层蒙版进行颜色编辑的时候，虽然当前图层的透明度会发生变化，但是原图层没有被破坏，是可逆操作。下面我们来看一个实例，选中图层蒙版为当前编辑图层，用黑色的画笔涂抹，如图 1-94、图 1-95 所示。

用白色的画笔涂抹周围"穿帮"部分，不该透明的部分被还原，如图 1-96、图 1-97 所示，在图层蒙版里白色的画笔相当于"后悔药"。

图 1-94　　　　　　图 1-95　　　　　　图 1-96　　　　　　图 1-97

（6）图层样式。

图层样式是 Photoshop 中非常实用的一项功能，能简化许多操作，比如利用它可快速生成阴影、浮雕、发光等效果。单击任意一个图层样式调出"图层样式"对话框，勾选需要添加的图层样式前面的复选框，单击图层样式的名称可以调出对应的图层样式选项，设置里面的不同参数，可以得到不同的效果，如图 1-98 所示。

①斜面和浮雕：该选项赋予了图层 3D 的效果。这是加大图层深度的设计，使之显得更加"现实"。

②描边：可以使用颜色、渐变颜色或图案描绘当前图层上的对象、文本或形状的轮廓，对于边缘清晰的形状（如文本），这种效果尤其有用。

③内阴影：将在对象、文本或形状的内边缘添加阴影，让图层产生一种凹陷效果，内阴影效果对文本对象效果更佳。

④内发光：将从图层对象、文本或形状的边缘向内添加发光效果。

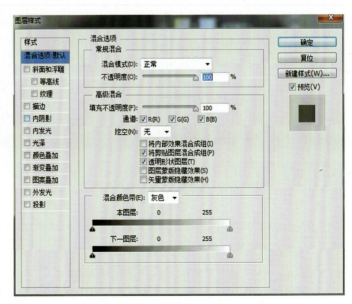

图 1-98

⑤光泽：将对图层对象内部应用阴影，与对象的形状互相作用。通常用于创建规则波浪形状，以产生光滑的磨光及金属效果。

⑥颜色叠加：将在图层对象上叠加一种颜色，即用一层纯色填充到应用样式的对象上。可以通过"拾色器（叠加颜色）"对话框选择任意颜色。

⑦渐变叠加：将在图层对象上叠加一种渐变颜色，即用一层渐变颜色填充到应用样式的对象上。通过"渐变编辑器"可以选择其他渐变颜色。

⑧图案叠加：将在图层对象上叠加图案，即用一致的重复图案填充对象。从"图案拾色器"还可以选择其他图案。

⑨外发光：将从图层对象、文本或形状的边缘向外添加发光效果。通过设置参数可以让对象、文本或形状更精美。

⑩投影：将为图层上的对象、文本或形状后面添加阴影效果。投影参数由"混合模式""不透明度""角度""距离""扩展""大小"等各种选项组成，通过对这些选项的设置可以得到需要的效果。

（7）链接图层。

链接图层就是把多个图层关联到一起，以便对链接好的图层进行整体的移动、缩放、复制、剪切等操作，提高操作的准确性和效率。其实把几个图层链接起来和把这几个图层合并到一起的效果是一样的，但是与合并图层不同的是，链接起来的图层还是以单个的图层形式存在，并且可以通过取消链接使这些图层不再进行整体变化，因此链接图层的可编辑性比合并图层更强。能使用链接图层的地方就不要使用合并图层了，因为图层一旦合并将无法单独操作。

当只选中一个图层时，"链接图层"按钮是灰色的、不可用的，因为链接的图层最少要有两个，如图 1-99 所示。当选中两个及两个以上图层时，"链接图层"按钮变亮，如图 1-100 所示。这时，单击"链接图层"按钮，被选中的图层将会被链接到一起，如图 1-101 所示。选中链接图层中的任意一个，如图 1-102 所示，当按下自由变换快捷键 Ctrl+T 时，所有被链接到一起的图层将作为一个整体被选中，如图 1-103 所示，然后就可以对链接在一起的图层进行整体移动、缩放、复

图 1-99

图 1-100

图 1-101

图 1-102　　　　图 1-103

制、剪切等操作了。将所有被链接的图层选中,单击一下链接图层按钮便可取消图层链接。

(8)眼睛图标。

在"图层"面板中每个图层的最左边都有一个眼睛图标,单击这个图标可以隐藏或显示某个图层。如果在某一图层的眼睛图标处按下鼠标左键并拖动,所经过的图层都将被隐藏,方向可从上至下或从下至上;同理,在这个图层上再次按下鼠标左键并拖动,所经过的被隐藏的图层会重新显示。

如果按住 Alt 键单击某个图层的眼睛图标,将会隐藏除此图层之外所有的图层,再次按住 Alt 键单击眼睛图标即可恢复其他图层的显示。

(9)混合模式。

所谓图层混合模式就是指一个图层与其下面图层的色彩混合方式。混合模式包括正常、溶解、变暗、变亮等多种模式,它们都可以产生迥异的合成效果。每种图层混合模式都有自己的计算方式,Photoshop 会根据用户选择的混合模式对两个图层进行计算,然后进行混合,最后得到新的图层效果。

我们可以将混合模式按照下拉菜单中的分组来将它们分为不同类别:变暗模式、变亮模式、饱和度模式、差集模式和颜色模式,如图 1-104 所示。

正常和溶解很好理解,其中溶解要配合调整图层不透明度来实现效果。

其余的混合模式可归纳为加深效果、减淡效果、对比效果、色彩效果。

图 1-104

①加深效果。
- 变暗:用下层暗色替换上层亮色。
- 正片叠底:除了白色之外的区域都会变暗。
- 颜色加深:加强深色区域。
- 线性加深:和正片叠底相同,但变得更暗更深。
- 深色:同变暗,但是能清楚地找出两层替换的区域。

以上这 5 种都能产生变暗变深的效果,但究竟是上面图层变暗加深还是下面图层变暗加深还须看两个图层的色值大小,也就是 HSB 里 H 值的大小。

②减淡效果。
- 变亮:与变暗完全相反。
- 滤色:与正片叠底完全相反(产生提亮效果)。
- 颜色减淡:与颜色加深完全相反(提亮后对比度效果好)。
- 线性减淡:与线性加深完全相反,与滤色相似(比滤色对比度效果好)。
- 浅色:与深色完全相反,和变亮相似,能清楚找出颜色变化区域。

减淡效果的特点是替换深色,所以能轻松去掉黑色。加深效果与减淡效果其实是一一对应的,每一种加深就对应一种相同原理的减淡。

③对比效果。
- 叠加:在底层像素上叠加,保留上层对比度。
- 柔光:可能变亮也可能变暗,如果混合色比是 50% 灰度就变亮,反之亦然。
- 强光:可以添加高光也可以添加暗调(达到正片叠底和滤色的效果),至于具体添加哪种,取决于上层颜色。

- 亮光：使饱和度更饱和，增强对比（达到颜色加深和颜色减淡的效果）。
- 线性光：可以提高和减淡亮度来改变颜色深浅，可以使很多区域产生纯黑白（相当于线性减淡和线性加深）。
- 点光：会产生 50% 的灰度（相当于变亮和变暗的组合）。
- 实色混合：增加颜色的饱和度，使图像产生色调分离的效果。
- 差值：混合色中白色产生反相，黑色接近底层色，原理是从上层减去混合色。
- 排除：与差值相似，但比差值更柔和。
- 减去：混合色与上层色相同，显示为黑色；混合色为白色也显示黑色；混合色为黑色，显示上层原色。
- 划分：如混合色与基色相同则结果色为白色；如混合色为白色则结果色为基色；如混合色为黑色则结果色为白色。（颜色对比十分强烈）

④色彩效果。
- 色相：用混合色替换上层颜色，上层轮廓不变，达到换色的效果。
- 饱和度：用上层图像的饱和度替换下层，下层的色相和明度不变。
- 颜色：用上层的色相和饱和度替换下层，下层的明度不变。常用于着色。
- 明度：用上层的明度替换下层，下层的色相和饱和度不变。

（10）不透明度。

不透明度分为总体不透明度和填充不透明度两种。在一般情况下它们没有区别，调用哪一个都可以。但是如果图层带有图层样式，则两者就有区别了。如果调用图层不透明度，会把图层样式也换掉。而调用填充不透明度，就不会影响到图层样式。

下面我们来看一个实例。新建文件，背景填充为蓝色，选择矩形选框工具创建一个矩形选区，将选区填充为红色，然后对矩形添加"描边"图层样式，描边颜色选择黑色。最后分别调整总体不透明度为 50% 和 0%，填充不透明度为 50% 和 0%，如图 1-105 所示。

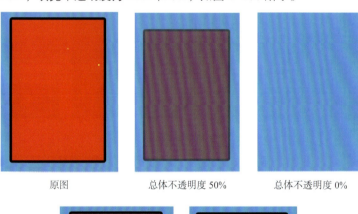

图 1-105

图层典型工作任务一步骤解析

典型工作任务一：图片合成

任务解析：

将图 1-106 和图 1-107 合成为一张图片，保留图 1-106 的蓝天白云和图 1-107 的油菜花。

步骤解析：

Step1： 打开 Photoshop，导入图片素材。双击图 1-106 所在的图层解锁图层，移动图 1-106 到图 1-107 中，置于图 1-107 上方，并添加图层蒙版，如图 1-108 所示。

Step2： 按快捷键 G 切换到渐变工具，在"渐变编辑器"中选择"黑白渐变"，选择渐变方式为"线性渐变"，在图 1-106 的蓝天白云和图 1-107 的油菜花交界的地方从上往下拖动鼠标，如图 1-109 中的箭头所示。为了得到比较满意的合成效果，可以多拖动几次鼠标，以便找到比较合适的渐变的起止点。按照蒙版中黑、灰、白的颜色排列顺序，图层 2 依次表现出透明（露出图层 1 的白云）、半透明（图层 1 和图层 2 的景色融合在一起）、不透明（只显示图层 1 原来的油菜花）。这两张图之所以能够合成得比较自然，是因为利用了渐变工具由黑到灰到白的逐渐变化的特点，这种特点使之能够在蒙版里表现出透明、半透明、不透明的逐渐过渡效果，从而实现自然合成的效果。

图 1-106

图 1-107

图 1-108

图 1-109

典型工作任务二：给海报添加图层样式

任务解析：

以新品男士春装海报为素材，尝试为海报添加合适的图层样式。

步骤解析：

Step1: 打开 Photoshop，导入如图 1-110 所示的图片素材。

Step2: 依次为海报添加各种图层样式，具体参数不展开讲解，大家自己设置的时候可以自行去体验一下。每种图层样式的效果如图 1-111 所示。

图 1-110

（a）添加斜面与浮雕

（b）添加投影

（c）添加描边

（d）添加内阴影

（e）添加内发光

（f）添加光泽

（g）添加颜色叠加

（h）添加渐变叠加

图 1-111

（i）添加图案叠加　　　　　　　　　　　　　（j）添加外发光

图 1-111（续）

典型工作任务三：给模特换装

任务解析：

以图 1-111 中的两张图片为素材，练习为模特换装。

步骤解析：

Step1： 打开 Photoshop，导入如图 1-112 所示图片素材。用钢笔工具将模特西装抠出，羽化 0.5 个像素，按快捷键 Ctrl+J 拷贝一个"西装"图层副本，如图 1-113 所示。

Step2： 双击布料的背景图层进行解锁，然后选择移动工具，将布料移动到模特图片上，调整布料的大小和位置，放到西装副本图层上面，如图 1-114 所示。

　　　模特　　　　　　　布料

图 1-112

Step3： 按快捷键 Alt+Ctrl+G，创建剪贴蒙版，模特换装完成。但是我们发现换装效果很死板，如图 1-115 所示。这是因为没有明暗变化和层次感。

Step4： 根据上述问题，我们试着改变布料和西服副本的混合模式来解决问题。下面列举几个效果比较好的混合模式，如图 1-116 所示。

图 1-113　　　　　　　　　图 1-114　　　　　　　　　图 1-115

变暗

正片叠底

颜色减淡

叠加

饱和度

颜色

图 1-116

PROJECT TWO

项目二 抠图篇

第一讲 选框工具组

选框工具典型工作任务一步骤解析

选框工具使用方法

典型工作任务一：为手提袋做一个卖点解析图

任务解析：

以手提袋为素材，在原图上做一张卖点解析图，要求细节图含有矩形、椭圆、正方形、正圆，并且以有卖点为中心的正方形和正圆。

知识点讲解：

（1）矩形/椭圆选框工具的使用方法：选择矩形选框工具▣，按下鼠标左键并拖动，释放鼠标左键后即可创建一个矩形选区。同理，选择椭圆选框工具◯，按下鼠标左键并拖动，释放鼠标左键后即可创建一个椭圆选区。

（2）利用矩形/椭圆选框工具做正方形/正圆选区：选择矩形选框工具▣，按下鼠标左键并拖动，同时按下 Shift 键，释放鼠标左键后再释 Shift 键即可创建一个正方形选区。同理，选择椭圆选框工具◯，按下鼠标左键并拖动，同时按下 Shift 键，释放鼠标左键后再释 Shift 键即可创建一个正圆选区。

（3）利用矩形/椭圆选框工具创建以起点为中心的正方形/正圆选区：选择矩形选框工具▣，按下鼠标左键并拖动，同时按下 Shift 键和 Alt 键，释放鼠标左键后再释放 Shift 键和 Alt 键即可创建一个以起点为中心的正方形选区。同理，选择椭圆选框工具◯，按下鼠标左键并拖动，同时按下 Shift 键和 Alt 键，释放鼠标左键后再释放 Shift 键和 Alt 键即可创建一个以起点为中心的正圆选区。

步骤解析：

Step1： 打开 Photoshop，导入图 2-1 所示的手提袋素材，选择矩形选框工具▣，单击鼠标左键并拖动，释放鼠标左键创建矩形选区。按快捷键 V，切换到移动工具，拖动创建好的矩形选区到左边，拖动的同时按 Alt 键，起到复制作用。按"取消选择"的快捷键 Ctrl+D 取消选区。按快捷键 Shift+M 切换到椭圆选框工具◯，单击鼠标左键并拖动，释放鼠标左键创建椭圆选区。按快捷键 V，选择移动工具，按 Alt 键拖动创建的椭圆选区到右边，按"取消选择"的快捷键 Ctrl+D 取消选区。

图 2-1

Step2：按下快捷键 Shift+M 切换到矩形选框工具▭，单击鼠标左键并拖动鼠标，拖动鼠标的同时按下 Shift 键，先释放鼠标再释放 Shift 键创建一个正方形选区。按下快捷键 V，切换到移动工具，按下 Alt 键拖动创建的正方形选区到左边，按下"取消选择"的快捷键 Ctrl+D 取消选区。按下快捷键 Shift+M 切换到椭圆选框工具，按下鼠标左键并拖动，同时按下 Shift 键，释放鼠标左键创建正圆选区。按下快捷键 V，选择移动工具，单击 Alt 键拖动创建的正圆选区到右边，按下"取消选择"的快捷键 Ctrl+D 取消选区，如图 2-2 所示。

Step3：按下快捷键 Shift+M 切换到矩形选框工具▭，在卖点上单击鼠标左键并拖动，同时按下 Shift 键和 Alt 键，释放鼠标左键后再释放 Shift 键和 Alt 键，创建一个以卖点为中心的正方形选区。按下快捷键 V，选择移动工具，按下 Alt 键拖动创建的正方形选区到左边，按下"取消选择"的快捷键 Ctrl+D 取消选区。按下快捷键 Shift+M 切换到椭圆选框工具◯，在卖点上单击鼠标左键并拖动，同时按下 Shift 键和 Alt 键，释放鼠标左键后再释放 Shift 键和 Alt 键，创建一个以卖点为中心的正圆选区。按下快捷键 V，选择移动工具，按下 Alt 键拖动创建的正圆选区到右边，按下"取消选择"的快捷键 Ctrl+D 取消选区，如图 2-3 所示。

图 2-2

图 2-3

温馨提示：

（1）如果当前工具是矩形选框工具组、套索工具组、魔术棒工具组中的一种，并选择了"新建选区"属性，那么将鼠标放到选区上，可以移动选区的位置，如图 2-4、图 2-5 所示。

（2）如果当前工具是移动工具，将鼠标放到选区上，移动的则是选区中的内容，原来做选区的地方内容被移走，变成了背景色，如图 2-6 所示。

（3）按 Alt 键的同时使用移动工具移动选区会增加一个复制的功能，即移动的是复制出来的选区内的内容，原选区内的内容没有变化，如图 2-7 所示。

图 2-4　　　　　　　　图 2-5　　　　　　　　图 2-6　　　　　　　　图 2-7

典型工作任务二：设计工商银行的标志

选框工具典型工作任务二
步骤解析

任务解析：
利用选框工具设计一个工商银行的标志。

知识点讲解：
利用选框工具创建选区时，选区范围有四个选项，分别是"新选区""添加到选区""从选区中减去"和"与选区交叉"，如图2-8所示。

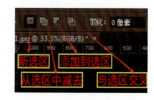
图 2-8

（1）新选区：此选项只能一次性创建选区，再次创建选区时，原来的选区消失。具体操作方法为：选择椭圆选框工具，选择"新选区"选项，在手提袋上创建圆形选区，如图2-9所示。

（2）添加到选区：可以多次创建选区，后边创建的选区会添加到原来的选区中，重叠部分自动合并。具体操作方法为：选择椭圆选框工具，选择"添加到选区"选项，在原来的圆上创建两个小圆形选区，如图2-10所示。

（3）从选区减去：从原选区中减去新创建的选区。具体操作方法为：选择椭圆选框工具，选择"从选区中减去"选项，在原来的选区上创建3个椭圆，如图2-11所示。选择移动工具，移动创建好的选区，得到如图2-12所示的效果，现在可以清晰地看出刚刚创建的三个椭圆是从原选区中减去的。

（4）与选区交叉：只保留重叠部分。具体操作方法为：选择椭圆选框工具，选择"与选区交叉"选项，在原来的选区上创建圆，如图2-13所示，释放鼠标得到如图2-14所示的效果，不难看出最后只留下了原选区和新创建选区相交的部分。

图 2-9

图 2-10

图 2-11

图 2-12

图 2-13

图 2-14

步骤解析：

Step1： 打开 Photoshop，导入如图 2-15 所示的图片素材，先按快捷键 Ctrl+R 调出标尺，然后为素材添加一条横向和纵向参考线。

Step2： 选择椭圆选框工具，选择"新选区"选项，以参考线的交点为起点创建圆，同时按快捷键 Alt+Shift，得到以起点为中心的正圆，如图 2-16 所示。

图 2-15　　　　　　　　　　　　　　　图 2-16

Step3： 选择椭圆选框工具，选择"从选区中减去"选项，同样以参考线的交点为起点创建一个小圆，同时按快捷键 Alt+Shift，得到以起点为中心的圆环，如图 2-17 所示。

Step4： 设置前景色为红色，按"填充前景色"快捷键 Alt+Delete，将圆环填充为红色，按快捷键 Ctrl+D 取消选区，得到如图 2-18 所示效果。

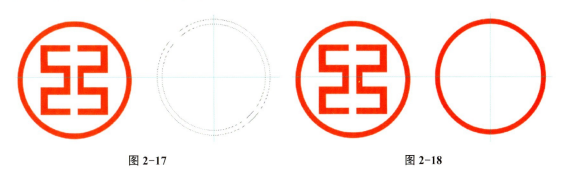

图 2-17　　　　　　　　　　　　　　　图 2-18

Step5： 选择矩形选框工具，选择"新选区"选项，以参考线的交点为起点创建矩形，同时按快捷键 Shift+Alt，得到以起点为中心的正方形，如图 2-19 所示。

Step6： 拖两条横向参考线作为辅助线，这里我们重点学习选框工具的使用，不要求作图的精确度。选择矩形选框工具，选择"从选区中减去"选项，按 Alt 键以新建参考线的交点为起点，上下各创建一个以起点为中心的矩形，得到如图 2-20 所示效果。

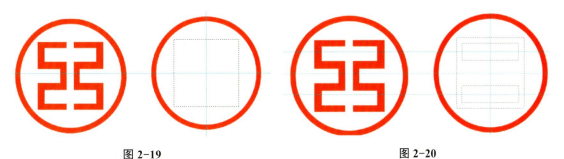

图 2-19　　　　　　　　　　　　　　　图 2-20

Step7： 选择矩形选框工具，选择"从选区中减去"选项，按 Alt 键以圆心为起点，创建以起点为中心的矩形，得到如图 2-21 所示效果。

Step8： 拖两条纵向参考线作为辅助线，选择矩形选框工具，选择"从选区中减去"选项，按 Alt 键以新建参考线的交点为起点，左右各创建一个以起点为中心的矩形，得到如图 2-22 所示效果。

Step9： 设置前景色为红色，按"填充前景色"的快捷键 Alt+Delete，将选区填充为红色，按快捷键 Ctrl+D 取消选区，执行菜单栏的"视图"|"显示"|"参考线"命令，隐藏参考线，得到如图 2-23 所示效果。

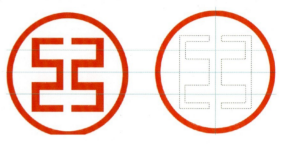

图 2-21

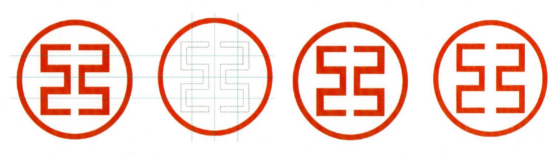

图 2-22   图 2-23

选框工具典型工作任务三
步骤解析

典型工作任务三：给小鸡移植美女的大眼睛

任务解析：
将美女的眼睛抠取出来给小鸡，使美女的眼睛能够较好地与小鸡融合到一起。

知识点讲解：
羽化可以使选区内外衔接部分虚化，能起到渐变的作用，从而达到自然衔接的效果，是 Photoshop 处理图片的重要工具。羽化值越大，虚化范围越宽；羽化值越小，虚化范围越窄。

羽化功能的使用方法：

（1）所有选框工具的工具选项栏都有羽化设置，如图 2-24 所示，在文本框中输入想羽化的数值即可。这里需要注意的是，如果想通过这种方法对选区进行羽化，必须先设置羽化值再创建选区，如果先创建选区再设置羽化值则没有羽化效果，重新创建的选区才会有羽化效果。

（2）第二种方法和第一种方法刚好相反，如果用这种方法对选区进行羽化，需要先创建选区，再设置羽化值。具体操作方法为：创建好选区后，执行菜单栏的"选择"|"修改"|"羽化"命令，或者在选区内单击，在弹出的对话框中选择"羽化"命令，或者按快捷键 Shift+F6，这三种方法都可以打开"羽化选区"对话框，在对话框中设置羽化半径即可，如图 2-25 所示。

图 2-24

图 2-25

步骤解析：

Step1： 打开 Photoshop，导入如图 2-26 所示的图片素材。选择椭圆选框工具，在图 2-26 中的美女的眼睛上创建一个椭圆。

Step2： 选择移动工具，拖动选区到小鸡文件上，当小鸡文件亮起来的时候，拖动鼠标到小鸡眼睛上。调节眼睛的位置，得到如图 2-27 所示的效果，但是边缘非常生硬，效果非常差。

Step3： 回到图 2-26 上，按 M 键切换到选框工具，按下"羽化"快捷键 Shift+F6，在弹出的对话框中设置羽化半径为 3，然后再重复第二步的操作，将图 2-26 中美女的眼睛移动到小鸡的眼睛上，得到如图 2-28 所示的效果，与图 2-27 相比，此项羽化效果就自然柔和很多。

图 2-26

图 2-27

图 2-28

第二讲　套索工具组

套索工具使用方法

典型工作任务一：利用套索工具制作坚果海报

任务解析：

把猴子从背景素材中抠出来，用于制作海报。

知识点讲解：

1. 套索工具使用方法

套索工具是最基本的创建选区的工具，在需要创建选区的图案边缘单击鼠标左键，并一直围绕着图案拖动鼠标，直至回到起点，这时会出现一个闭合的蚂蚁线，套索工具抠图完成。

2. 套索工具的特点

优点：可以创建任意不规则选区，方便快捷。

缺点：创建的选区范围只是一个大概的范围，不能创建要求精确的选区。

3. "调整边缘"命令

创建一个选区，执行"选择"｜"调整边缘"命令或者在任意可以创建选区的工具的工具选项栏中执行"调整边缘"命令，则会弹出"调整边缘"对话框，如图 2-29 所示。

"调整边缘"对话框中各个参数的含义如下。

● 缩放工具：此工具可以缩放图像的显示比例。

● 抓手工具：此工具可以查看不同的图像区域。

● 调整半径工具：使用此工具可以编辑边缘检测时的半径，以放大或缩小选择的范围。

图 2-29

●抹除调整工具：使用此工具可以擦除部分多余的选择结果。在擦除过程中，Photoshop 会自动对擦除后的图像进行智能优化。

●视图：在该列表中，Photoshop 依据当前处理的图像，生成了实时的预览效果，以满足不同的观看需求。根据此列表底部的提示，按 F 键可以在各个视图之间进行切换，按 X 键即只显示原图。

●显示半径：勾选此复选框后，将根据下面所设置的半径数值，显示半径范围以内的图像。

●显示原稿：勾选此复选框后，将依据原选区的状态及所设置的视图模式进行显示。

●半径：该参数用于设置边缘检测时的范围。

●智能半径：勾选此复选框后，将依据当前图像的边缘自动进行取舍，以获得更精彩的显示效果。

●平滑：当创建的选区边缘非常硬化，甚至有明显的锯齿时，可使用此选项进行柔化处理。

●羽化：柔化选区边缘。

●对比度：设置此选项参数可以调整边缘的虚化程度，数值越大则边缘越锐化。通常可以帮助使用者创建比较精确的选区。

●移动边缘：该选项功能与"收缩"和"扩展"命令的功能基本相同，向左侧拖动滑块可以收缩选区，向右侧拖动滑块则可以扩展选区。

●净化颜色：勾选此复选框后，下面的"数量"滑块将被激活，拖动滑块调整数值，可以去除选择后的图像中边缘的杂色。

套索工具典型工作任务
步骤解析

步骤解析：

Step1： 在猴子毛发边缘单击鼠标左键并围绕猴子毛发边缘拖动鼠标，直至回到起点，这时会出现一个闭合的蚂蚁线，抠出一个大致的范围，如图 2-30 所示。

Step2： 设置"调整边缘"对话框中各参数，精确抠取猴子的毛发，参数设置如图 2-31 所示，然后用涂抹工具进行涂抹，效果如图 2-32 所示，涂抹完成后单击"确定"按钮，完成猴子抠图如图 2-33 所示。

图 2-30

图 2-31　　　　　　　　　　图 2-32　　　　　　　　　　图 2-33

Step3: 按快捷键V，切换到移动工具。选中抠好的猴子图像，按住鼠标左键将其拖动到广告图的图层上，当广告图的文件名亮起的时候，拖动猴子到广告图上，调整猴子的大小和位置，用橡皮擦擦除多余的背景，得到如图2-34所示的效果。

图 2-34

典型工作任务二：利用多边形套索工具制作灯具海报

任务解析：

把灯泡包装盒从原背景中抠出来，放到海报图中，制作一张灯具海报图。

知识点讲解：

（1）使用多边形套索工具不仅可以创建规则的选区，还可以创建不规则选区，但是所有的边都必须是直边，因为多边形套索工具只能做直边。如果结合放大功能可以抠出非常精确的图。

（2）使用方法。在要抠图的图像边缘单击建立第一个锚点，然后沿着图像的边缘向后拖动鼠标，再次单击时会建立第二个锚点，这时两个锚点之间就会出现一条直线，不断地沿着图像的边缘单击建立锚点，直至回到起点会出现一个小"句号"，这时单击第一个锚点，会形成一个闭合的蚂蚁线，抠图完成。

多边形套索工具典型
工作任务步骤解析

步骤解析：

Step1： 打开 Photoshop，导入图 2-35 所示的图片素材，选择多边形套索工具，按 Alt 键的同时向上滚动鼠标滚轴放大图像以减小抠图误差，按 Space 键拖动灯泡包装盒，露出灯泡包装盒的边缘。

Step2： 在灯泡包装盒的边缘单击建立第一个锚点，然后沿着灯泡包装盒的边缘向后拖动鼠标，在每个拐点单击一次建立一个锚点，直至回到起点，这时单击第一个锚点，形成一个闭合的蚂蚁线，抠图完成，如图 2-36 所示。

Step3： 单击鼠标右键，在弹出的快捷菜单中执行"羽化"命令，设置羽化值为 0.5 个像素。然后按快捷键 V，切换到移动工具，移动抠好的灯泡包装盒到灯具海报中，如图 2-37 所示。

Step4： 按"自由变换"快捷键 Ctrl+T，会出现 8 个控制柄，按 Shift 键的同时，拖动顶点处的控制柄，等比例缩小灯泡盒，移动灯泡盒到合适的位置，按 Enter 键确认刚才的操作，同时按快捷键 Ctrl+D 取消选区，完成海报的设计，如图 2-38 所示。

图 2-35

图 2-36

图 2-37

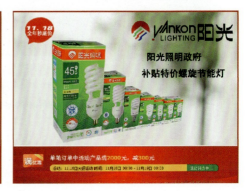
图 2-38

温馨提示：

（1）抠图的时候放大图像，可以减少视觉误差，使建立的锚点更加贴近图像边缘，因此抠图更精确。

（2）缩放图像的快捷键是"Alt+鼠标滚轴"，即按下 Alt 键的同时滚动鼠标的滚轴可以随意缩放图像。

（3）任意工具状态下按 Space 键，鼠标都会变成"小手"的图标，按下鼠标左键可以根据需要随意拖动图像。

（4）多边形套索工具只能抠取所有的边都是直边的图像，抠图时只需要在每条直线的拐点处单击鼠标左键建立锚点即可。

（5）如果对建立的某个锚点不满意，可以按 Delete 键将其删除，可多次删除，每按一次 Delete 键删除一个锚点。

（6）抠完之后如果不希望边界那么生硬，可以右击并在弹出的快捷菜单中执行"羽化"命令，对抠好的图像羽化 0.5～1 个像素。

典型工作任务三：利用磁性套索工具制作衬衣海报

任务解析：

将模特用磁性套索工具抠出来用于海报的制作与设计。

知识点讲解：

（1）磁性套索工具似乎有磁力一样，不须单击鼠标左键，可以直接移动鼠标，在起点处就会出现自动跟踪的线,这条线总是走向颜色与颜色边界处,边界越明显磁力越强,将首尾连接后可完成选择,一般用于颜色与颜色差别比较大的图像选择。

(2)设置宽度、对比度、频率。

①宽度:用于设定磁性套索工具在进行选取时,能够检验的边缘宽度,其数值可以在1~40之间进行设定,数值越小,所检测的范围越小。

②对比度:用于将想要选取的图像与周围的图像区分开来。

③频率:用于设置选取时的节点数。

(3)如果对建立的某个锚点不满意,可以按Delete键将其删除,可多次删除,每按一下Delete键即删除一个锚点。

(4)在使用磁性套索工具抠图时,遇到拐点的时候可以单击一下鼠标左键,手动建立一个锚点,以增加抠图的精确度。

步骤解析:

Step1: 打开Photoshop,导入素材图片,选择磁性套索工具,在模特边缘单击建立第一个锚点,然后沿着模特边缘拖动鼠标,磁性套索工具会自动生成锚点并吸附到模特边缘,直至回到起点,看到"句号",这时单击第一个锚点,会形成一个闭合的蚂蚁线。选择磁性套索工具,在工具选项栏中单击"从选区中减去"按钮,减去模特腋下白色的区域,完成抠图,如图2-39所示。

磁性套索工具典型工作任务步骤解析

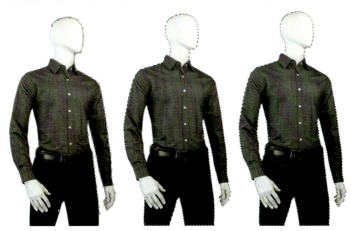

图 2-39

Step2: 按快捷键V,切换到移动工具,将抠好的模特图移动到衬衣海报中。按"自由变换"快捷键Ctrl+T,会出现8个控制柄,按Shift键的同时,拖动顶点处的控制柄,等比例缩小模特,然后移动模特到合适的位置,按Enter键确认刚才的操作,完成海报的设计,如图2-40所示。

图 2-40

第三讲　快速选择工具抠图

典型工作任务一：抠手提袋

任务解析：

将手提袋利用快速选择工具从背景图中抠出。

知识点讲解：

（1）快速选择工具是通过画笔工具来创建选区的一种快速抠图工具，将画笔大小调整到不超过抠取主体的大小，硬度设置成100%，然后直接在要抠取的图像上涂抹，Photoshop会自动识别画笔所经过颜色的边缘，从而达到快速抠图的目的。因此快速选择工具适合抠取边界清晰的图像。快速选择工具虽然抠图速度快，但是抠图不精确，边缘会有锯齿，因此只适合抠取要求不高的图像。

（2）快速选择工具同样具有"新选区""添加到选区""从选区中减去"三个选项，并且和前面讲的选区工具的作用及使用方法一样，此处不再赘述。

（3）画笔笔头缩小的快捷键为"［"，画笔笔头放大的快捷键为"］"。

（4）因为快速选择工具抠图不精确，所以抠完图之后，可以把选区收缩2个像素来弥补快速选择工具的缺点，执行菜单栏中的"选择"|"修改"|"收缩"命令，弹出"收缩选区"对话框，设置"收缩量"为2，如图2-41所示。

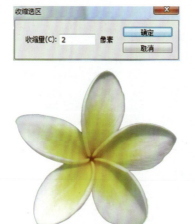

收缩2个像素之前　　　　　　收缩2个像素之后

图 2-41

步骤解析：

Step1: 打开Photoshop，导入手提袋素材。选择快速选择工具，勾选"自动增强"复选框，在手提袋上单击并拖动鼠标，Photoshop会自动计算识别画笔所经过颜色的边缘，如图2-42所示。

Step2: 按快捷键"［"缩小画笔笔头，调整细节。选择"从选区中减去"选项，减去多余的白色选区及左下角的阴影部分，选择"添加到选区"选项，选择没有选中的区域，如图2-43所示。

Step3: 按快捷键Ctrl+C复制选区，按快捷键Ctrl+V粘贴选区，Photoshop会自动新建一个图层，单击背景图层左侧的眼睛图标，隐藏背景图层，如图2-44所示，完成抠图，如图2-45所示。

图 2-42

项目二 抠图篇 045

图 2-43　　　　　　　　图 2-44　　　　　　　　图 2-45

典型工作任务二：利用魔棒工具抠取模特

任务讲解：

利用魔棒工具将模特从背景图中抠出。

知识点讲解：

（1）魔棒工具和快速选择工具一样也是通过对颜色的计算快速识别出边缘，从而达到快速抠图的目的。用魔棒工具抠图时在需要选中的区域内单击任意一点，与单击的这一点颜色相同或相近的区域便会被自动选中。

（2）魔棒工具的属性"容差"指的是在选取颜色时所设置的选取范围，容差越大，选取的范围也越大，其数值范围在 0～255 之间。例如，容差是 0 时，如果选择纯蓝色，那么魔棒只能选中百分之百的蓝色；容差是 20 时，如果选择纯蓝色就可以选中淡蓝还有深蓝；当容差很大的时候，魔棒就会把所有的颜色都选中。因此魔棒工具适合抠取容差较小、颜色纯正的图形。

（3）对于容差较小、边界清晰的图片，能够一键抠图，方便快捷，如图 2-46 所示。

（4）魔棒工具的属性"连续"用于选取图像中颜色相同或相近的区域。勾选"连续"复选框，只可选色彩相近的连续区域；取消勾选"连续"复选框，则可选所有色彩相近的区域，如图 2-47 所示。

　　　　　　　　　　　　　　勾选了"连续"复选框　　　　　取消勾选"连续"复选框

图 2-46　　　　　　　　　　　　　　　　图 2-47

步骤解析：

Step1： 打开 Photoshop，导入模特图片素材。选择魔棒工具，勾选"连续"复选框，单击白色的区域，形成如图 2-48 所示的选区。

Step2：选择工具选项栏中"添加到选区"选项，单击模特腋下等没有被选中的白色区域，如图 2-49 所示。

Step3：执行菜单栏的"选择"|"反向"命令，或按快捷键 Shift+Ctrl+I 反向选择，选中模特，如图 2-50 所示。

图 2-48　　　　　　　　　　　图 2-49　　　　　　　　　　　图 2-50

Step4：按快捷键 Ctrl+C 复制选区，按快捷键 Ctrl+V 粘贴选区，Photoshop 会自动新建一个图层，单击背景图层左侧眼睛图标，隐藏背景图层，完成抠图。

第四讲　钢笔工具抠图

典型工作任务：利用钢笔工具抠取行李箱

任务解析：
利用钢笔工具将行李箱从背景图中抠出。

知识点讲解：
（1）钢笔工具抠图的特点：钢笔工具抠图精准，适合抠背景复杂、形状复杂的图片（包括直线和曲线，除了毛发）。

（2）创建直线的方法：选择产品边缘任意一点建立锚点，在直线的另一头建立第二个锚点，两点便会连成一线。

（3）创建曲线的方法：在曲线的一端单击鼠标左键建立第一个锚点，然后在另一端再次单击鼠标左键建立第二个锚点，建立第二个锚点之后不能释放鼠标，要直接调整曲线的弧度，当曲线的弧度和产品边缘吻合之后释放鼠标左键，便可创建一条曲线。需要注意的是，创建完曲线之后创建直线，需要删除控制线。

（4）删除控制线的方法：按住 Alt 键，单击锚点，即可删除控制线。

（5）移动锚点位置：当建立的锚点偏离产品边缘时，可以移动锚点到产品边缘，操作方法是按住 Ctrl 键，当鼠标变成白色箭头时方可移动锚点位置。

钢笔工具使用方法

步骤解析：

Step1： 打开 Photoshop，导入图 2-51 所示的图片素材。

Step2： 选择钢笔工具，如图 2-52 所示。

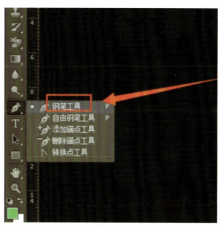

图 2-51　　　　　　　　　　图 2-52

Step3： 为了减少误差，先放大图片，然后在产品的边缘选择一个起点，单击建立一个锚点，如图 2-53 所示。

图 2-53

Step4： 这一步要创建的是直线，因此需要找到直线和曲线的拐点，然后单击建立第二个锚点，两点之间便会形成一条直线，如图 2-54 所示。

Step5： 如果建立的锚点位置不准确，可按住 Ctrl 键，当鼠标变成白色箭头时移动锚点位置，如图 2-55 所示。

Step6： 当产品的边缘是曲线时，需要创建曲线。先在曲线的一端单击建立一个锚点，然后在曲线的另一端单击鼠标左键，并根据产品的弧度来调整曲线的弧度，使两者之间相互吻合，接着释放鼠标左键，曲线便建立完成。如果接下来创建直线，需要删除控制线，方法是按住 Alt 键，选中锚点，单击，如图 2-56 所示。

图 2-54

图 2-55

图 2-56

Step7: 如果想要移动两点之间的锚点，按住 Shift 键，同时拖住锚点，便可以使它在两个锚点之间自由移动，如图 2-57 所示。

Step8: 抠完整个图形后，单击鼠标右键，在弹出的快捷菜单中执行"建立选区"命令，设置"羽化半径"为 0.5 像素，最后单击"确定"按钮即可，如图 2-58 所示。

Step9: 按快捷键 Ctrl+C 进行复制，再按快捷键 Ctrl+V 粘贴到新的图层上，如图 2-59 所示。

Step10: 关闭图层背景，抠图完成。

图 2-57

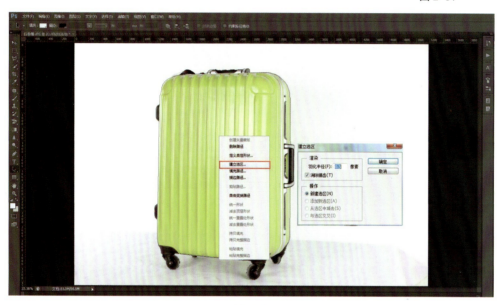

图 2-58

图 2-59

第五讲 背景橡皮擦抠图

典型工作任务一：利用背景橡皮擦抠取半透明鲜花

任务解析：
利用背景橡皮擦将半透明鲜花从背景图中抠出。

知识点讲解：

（1）背景橡皮擦可以通过擦掉背景色使背景透明，从而实现抠图。

（2）背景橡皮擦的"取样"选项有三种，分别是连续、一次和背景色板，如图2-60所示。下面逐一讲解每个选项的含义及使用方法。

①选择"取样：连续"时，在擦除图像时将连续采集取样点，每次都以单击鼠标左键时"十"字所在处的颜色作为背景色取样、擦除。例：首先单击鼠标左键，使鼠标的"十"字落在白色背景上，拖动鼠标到头发上，如果鼠标的"十"字落在头发上，Photoshop 将会把头发当作背景色擦除掉，如图2-61所示。

背景橡皮擦使用方法

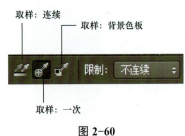
图 2-60

图 2-61

②选择"取样：一次"时，Photoshop 会把第一次单击鼠标左键时"十"字所在位置的颜色作为背景色取样。例：首先单击鼠标左键，使鼠标的"十"字落在白色背景上，拖动鼠标到头发上，即便鼠标的"十"字落在头发上，Photoshop 也不会把头发当作背景色擦除掉，依旧把第一次单击鼠标左键时"十"字所在位置的颜色作为背景色进行取样，如图2-62所示。

③选择"取样：背景色板"时，Photoshop 只会对工具箱中的背景色取样，不会再对图像中的颜色取样，所以只会擦除与背景色相同或相近的颜色。例：鼠标沿着头发的边缘进行涂抹，无论单击鼠标左键时鼠标的"十"字落在哪里，以及拖动鼠标时鼠标的"十"字落到哪里，头发都不会被处理掉，如图2-63所示。

图 2-62

图 2-63

（3）容差：指的是在选取颜色时所设置的选取范围，容差越大，选取的范围也越大，擦除颜色的范围越大。

（4）限制：包含"不连续""连续""查找边缘"三个选项。

①选择"不连续"选项时，将擦除鼠标拖动范围内所有与指定颜色相近的像素；

②选择"连续"选项时，将擦除鼠标拖动范围内所有与指定颜色相近且相连的像素；

③选择"查找边缘"选项时，将擦除鼠标拖动范围内所有与指定颜色相近且相连的像素，但在

擦除过程中可保留较强的边缘效果。

（5）保护前景色：可保留与前景色相同的颜色。

（6）背景橡皮擦擦掉的是背景色，同时可以保护前景色，因此在进行擦除之前要先定义背景色和前景色，具体操作方法为：首先用吸管工具吸取背景的颜色，这时吸取的颜色会变成前景色，单击"切换前景色和背景色"按钮或者按快捷键X将刚才吸取的颜色切换成背景色，即要处理掉的颜色，然后按快捷键I切换到吸管工具，吸取头发的颜色，此时前景色为头发的颜色，最后在橡皮擦工具选项栏勾选"保护前景色"复选框，这样再进行处理的时候就可以保护头发不被处理掉。

步骤解析：

Step1： 打开 Photoshop，导入如图 2-64 所示的图片素材，选择背景橡皮擦工具。

Step2： 设置背景色。按快捷键 I 切换到吸管工具，在黑色的背景上单击，吸取背景色，然后按快捷键 X 将刚才吸取的颜色切换成背景色。

Step3： 设置前景色。选择吸管工具，在鲜花素材的绿色部分单击，吸取绿色作为前景色，得到如图 2-65 所示的前景色和背景色，勾选工具选项栏中的"保护前景色"复选框。

Step4： 选择"取样：背景色板"进行取样，"限制"选项中选择"不连续"，容差值设置为50%，擦除绿色部分的背景，效果如图 2-66 所示。

Step5： 按快捷键 I 切换到吸管工具，在花瓣上吸取前景色，按快捷键 E 切换到背景橡皮擦工具，在花瓣上进行擦除，效果如图 2-67 所示。

背景橡皮擦典型工作任务一步骤解析

图 2-64　　　　图 2-65　　　　图 2-66　　　　图 2-67

Step6： 在"图层"面板单击"创建新图层"按钮，新建一个图层，置于图层底部，填充背景色为白色，如图 2-68 所示，用于检测抠图效果。

Step7： 选中鲜花所在的图层"图层 0"为当前图层，按快捷键 Ctrl+J 复制"图层 0"，得到"图层 0 副本"，如图 2-69 所示。

 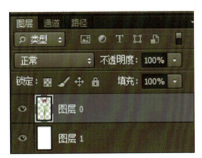

图 2-68

Step8： 将"图层 0 副本"的混合模式改为"滤色"，如图 2-70 所示。

Step9： 将"图层 0 副本"的不透明度改为 40%，如图 2-71 所示。

复制前　　　　　复制后

图 2-69　　　　　　　　　　　图 2-70　　　　　　　　　　　图 2-71

典型工作任务二：利用背景橡皮擦抠取形状复杂的鲜花

背景橡皮擦典型工作任务二步骤解析

任务解析：

利用背景橡皮擦将形状复杂的鲜花从背景图中抠出。

步骤解析：

Step1：导入图片，或直接将图片拖拽放入 Photoshop 中，如图 2-72 所示。

Step2：选择吸管工具，先吸取图片的黑色背景颜色作为背景色。锁定键盘大写，按 X 键可以不断切换前景色与背景色，接着使用吸管工具吸取叶子的颜色作为前景色，如图 2-73 所示。

图 2-72　　　　　　　　　　　　　　　　　　　图 2-73

Step3：选择背景橡皮擦工具，调整工具选项栏中的参数，选择"取样：一次"选项，"限制"设置为"不连续"，容差值设置为 50%，勾选"保护前景色"复选框，如图 2-74 所示。

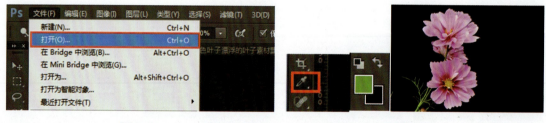

图 2-74

Step4：使用背景橡皮擦工具擦除与工具选项栏中前景色颜色相同的部分，方法是按住鼠标左键不断拖动擦除背景部分，如图 2-75 所示。

Step5：叶子背景部分擦除完毕后，使用吸管工具吸取鲜花的颜色作为前景色，如图 2-76 所示。

Step6：锁定键盘大写，按快捷键E切回到背景橡皮擦工具，对鲜花的背景部分进行擦除，如图2-77所示。

Step7：擦除完成后，会发现鲜花之间有一个与背景色颜色十分相近的地方，无法用背景橡皮擦工具进行擦除。这时需要用钢笔工具将它抠出，如图2-78所示。

Step8：使用钢笔工具将该部分抠完之后，单击鼠标右键并在弹出的快捷菜单中执行"建立选区"命令，羽化半径设置为0.5个像素，再按Delete键进行删除，如图2-79所示。

Step9：抠图完成后效果如图2-80所示。

 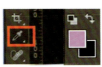  

图 2-75　　　　　　图 2-76　　　　　　图 2-77　　　　　　图 2-78

图 2-79　　　　　　　　　　　　　　图 2-80

第六讲　蒙版抠图

典型工作任务一：利用蒙版抠取婚纱照

任务解析：

利用蒙版将婚纱照中人物抠出，移动到新的背景中，合成为新的婚纱照。

步骤解析：

Step1：打开Photoshop，执行"文件"|"打开"命令，导入图片素材，如图2-81所示。

Step2：打开"通道"面板，依次选择红、绿、蓝3个通道，比较在哪个通道中人物和背景对比比较强烈，对比后发现在蓝色通道中对比最强烈，如图2-82所示。

Step3：拖动蓝色通道到下方的"创建新通道"按钮上，复制一个蓝色通道副本，如图2-83所示。

图 2-81　　　　　　　　　　　　　　　图 2-82

图层蒙版知识点讲解

Step4： 首先分析一下这张图片，背景部分是需要抠掉的部分，模特身体部分是需要留下的部分，头纱是需要半透明的部分。在蒙版中黑色表示透明，白色表示不透明，灰色表示半透明。所以需要将背景部分处理成黑色，模特身体部分处理成白色，头纱部分处理成灰色。下面我们进行抠图，放大图片，使用快速选择工具抠取人物和婚纱，如果要求比较精确可用钢笔工具抠图，如图 2-84 所示。

Step5： 用白色的画笔将模特的身体及头发部分涂成白色，如图 2-85 所示。

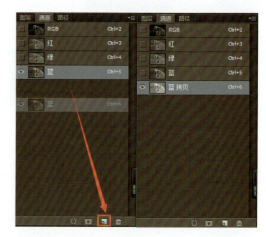

图 2-83

图 2-84　　　　　　　　　　　　　　　图 2-85

Step6： 在蒙版中灰色代表半透明，灰度越高透明度越高，因此为了增加婚纱的通透性，需要将婚纱亮度调低。执行菜单栏的"图像"|"调整"|"亮度/对比度"命令，弹出"亮度/对比度"对话框，将亮度调低，如图 2-86 所示。

Step7： 按"反选"快捷键 Shift+Ctrl+I，选中背景部分中要抠掉的部分，用油漆桶工具将此部分选区填充成黑色，填充完之后，如图 2-87 所示。

Step8： 按 Ctrl 键的同时单击蓝色通道副本的缩略图，得到如图 2-88 所示的选区。

Step9： 单击 RGB 颜色通道，得到如图 2-89 所示的选区。

Step10： 创建选区后，返回"图层"面板，单击"添加图层蒙版"按钮便完成了蒙版抠图，如图 2-90 所示。

图 2-86　　　　　　　　　　　　　图 2-87

图 2-88　　　　　　　　　　　　　图 2-89

Step11： 用移动工具将抠好的人物拖到新的背景中，得到如图 2-91 所示的效果图。

图 2-90　　　　　　　　　　　　　图 2-91

典型工作任务二：利用蒙版抠取玻璃酒杯

任务解析：

利用蒙版将玻璃酒杯从背景图中抠出。

步骤解析：

Step1： 执行"文件"｜"打开"命令导入图片，如图 2-92 所示。

Step2： 在"通道"面板，选择一个与原图对比稍强烈的颜色通道，进行通道复制，如图 2-93 所示。

Step3： 将蓝通道拖至面板下方"创建新通道"按钮上，便会复制出一个蓝色通道副本，如图 2-94 所示。

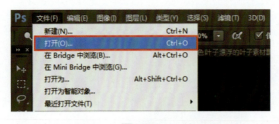

图 2-92

图 2-93

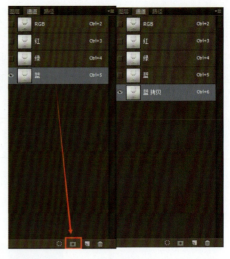

图 2-94

Step4： 单击蓝色通道副本，先放大图片，使用钢笔工具将酒杯的不透明部分抠出，如图 2-95 所示。

Step5： 抠完后，单击鼠标右键并在弹出的快捷菜单中执行"建立选区"命令，或按 Ctrl+Enter 键来创建选区，如图 2-96 所示。

图 2-95

图 2-96

Step6： 选区建立完成后，将其填充为白色。若此时白色为前景色，直接按 Ctrl+Delete 键填充即可，如图 2-97 所示。

Step7： 用钢笔工具将酒杯的杯座抠出，并用同样的方法建立选区、填充白色，如图 2-98 所示。

Step8： 用快速选择工具选中酒杯的全部部分，并进行反向选择，如图 2-99 所示。

图 2-97

图 2-98

图 2-99

Step9： 反向选择完成后，将其填充为黑色，如图 2-100 所示。

Step10： 按快捷键 Ctrl+D 取消选区。取消选区后再按住 Ctrl 键，单击蓝色通道副本缩略图，来建立选区，如图 2-101 所示。

图 2-100

图 2-101

Step11: 选区建立后,回到"图层"面板,为图片添加蒙版,如图 2-102 所示。

Step12: 添加蒙版后,蒙版界面如图 2-103 所示,蒙版抠图便完成了。

图 2-102

图 2-103

PROJECT THREE
项目三 修图篇

第一讲 裁剪工具

典型工作任务一：裁剪模特图

任务解析：

利用裁剪工具制作模特效果图。

知识点讲解：

利用裁剪工具可以裁减掉不需要的像素，还可以拉直处理的对象。裁剪工具选项栏参数含义如下：

（1）裁剪比例：在此下拉菜单中，可以选择裁剪工具在裁剪时的比例，如图3-1所示。

①不受约束：可以根据需求裁剪出任意大小的图像，长宽、大小和比例都不受约束。

②原始比例：无论裁剪的大小是多少，裁剪的长宽比例一定是原图像的长宽比例。

除此之外，我们还可以选择系统预设好的长宽比例，如1×1、4×5等。若是执行"大小和分辨率"命令，则会弹出如图3-2所示的对话框，可根据实际需求详细设置要裁剪的图像宽度、高度以及分辨率等参数。若执行"旋转裁剪框"命令，则可以将当前的裁剪框逆时针旋转90°，或恢复为原始的状态，如图3-3所示。

（2）设置自定长宽比：在此处的数值输入框中，可以设置裁剪的宽度及高度，以精确控制图像的裁剪，与"裁剪比例"下拉菜单中的"大小和分辨率"功能相同。

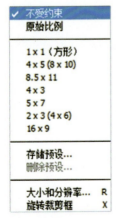

图 3-1　　　　　　　　　图 3-2　　　　　　　　　图 3-3

（3）纵向与横向旋转裁剪框：单击此按钮，与"裁剪比例"下拉菜单中的"旋转裁剪框"功能相同。

（4）拉直：单击此按钮后，可以在裁剪框内进行拉直校正处理，特别适合裁剪并校正倾斜的画面。在使用时，可以将光标置于裁剪框内，然后沿着要校正的图像拉出一条直线，如图3-4所示。

（5）视图：在此下拉菜单中，可以选择裁剪图像时的显示设置，如对角、三角形、黄金比例、黄金螺线等，如可以选择"黄金比例"，裁剪的时候把要突出的元素放到黄金分割点上，使画面构图更合理，视觉焦点更突出，如图3-5所示。

拉直前　　　　拉直后

图 3-4

 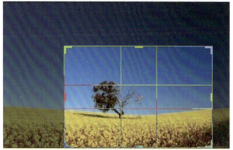 

原图　　　　　　借助"黄金比例"视图裁剪　　　　　　裁剪后

图 3-5

步骤解析：

Step1： 打开Photoshop，导入模特图片素材。

Step2： 按C键，切换到裁剪工具，设置自定义长宽为800像素×800像素，得到如图3-6所示效果。

Step3： 调整模特的位置和裁剪框的大小，按Enter键或者单击"提交当前裁剪操作"按钮，得到如图3-7所示的800像素×800像素的效果图。

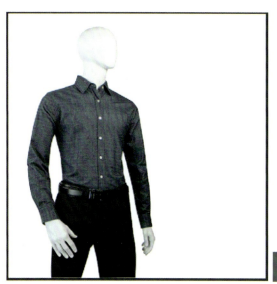

图 3-6　　　　　　　　　　图 3-7

典型工作任务二：裁剪具有透视效果的计算机屏幕

透视裁剪工具典型的
工作任务步骤解析

任务解析：

将有透视效果的计算机屏幕裁剪成没有透视效果的矩形。

步骤解析：

Step1： 打开 Photoshop，导入素材。

Step2： 选择透视裁剪工具，分别在显示屏的 4 个顶点单击，建立 4 个控制柄，建立好之后如果不满意，可以进行调整，调整完成后按 Enter 键确认剪裁，如图 3-8 所示。

图 3-8

第二讲　污点修复画笔工具

典型工作任务一：处理掉小番茄图片中的绳子和水印

任务解析：
为了增加图片的美观度，将图片中用于固定小番茄的绳子和水印处理掉。

知识点讲解：
污点修复画笔工具是 Photoshop 中处理图片常用的工具之一，可以快速去除图片中的杂色、污斑等不需要的"污点"。使用时不需要取"源"，只需在污点处单击或者涂抹即可，因为 Photoshop 能够自动分析"污点"周围的明暗度、颜色、纹理等，然后进行自动采样、自动修复。

污点修复画笔工具典型
工作任务一步骤解析

步骤解析：

Step1： 打开 Photoshop，导入如图 3-9 所示的图片素材。

Step2： 按 J 键选中污点修复画笔工具，如果当前为修复画笔工具、修补工具、内容感知移动工具、红眼工具中的一种，按快捷键 Shift+J 切换到污点修复画笔工具，如图 3-10 所示。

图 3-9

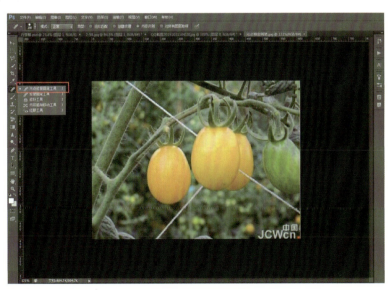

图 3-10

Step3： 根据要处理的"污点"粗细调整画笔的大小，按"["键可将画笔缩小，按"]"键可将画笔放大。分别在水印、绳子等要处理掉的"污点"上按住鼠标左键并涂抹，松开鼠标后 Photoshop 会自动处理掉"污点"，自动分析"污点"周围的明暗度、颜色、纹理等，从而进行自动采样、自动修复。值得注意的是，最后这根绳子穿插在黄色与绿色背景之中，由于颜色跨度大，若要通过一步操作完成会有比较明显的痕迹，因此可以分两步处理，先处理绿色背景上的绳子，再处理小番茄上的绳子，这样效果比较好，如图 3-11 所示。

图 3-11

典型工作任务二：更改广告图价格

任务解析：
使用污点修复画笔工具将图中的价格"198.00"去掉，换成新的价格。

步骤解析：

Step1： 打开 Photoshop，导入如图 3-12 所示的行李箱图片素材。

污点修复画笔工具典型
工作任务二步骤解析

图 3-12

Step2： 按 J 键选中污点修复画笔工具，如果当前为修复画笔工具、修补工具、内容感知移动工具、红眼工具中的一种，按快捷键 Shift+J 切换到污点修复画笔工具。将画笔调整到合适的大小，然后按住鼠标左键并拖动鼠标，直至"198.00"这几个数字全部被覆盖，如图 3-13 所示。松开鼠标左键后 Photoshop 会把"198.00"当成污点处理掉，自动分析它周围的明暗度、颜色、纹理等，从而进行自动采样、自动修复，如图 3-14 所示。

Step3： 按 T 键切换到文字工具，选择横排文字工具，在广告图上单击，创建文字，输入"199.00"，然后调整文字的字体、字号及颜色。最后按 V 键切换到移动工具，将价格移动到合适的位置，如图 3-15 所示。

图 3-13

图 3-14

图 3-15

第三讲 仿制图章工具

典型工作任务：去掉模特图中的杂物

任务解析：
为了使模特在整个画面中更加突出，需要将电线杆、站牌等分散注意力的杂物移除。

知识点讲解：
我们可以把仿制图章工具看作"复印机"，就是将图像中一个地方的图像复制到另外一个地方，使两个地方的内容一致。既然是复印机，那就需要有原始原件才能复印。所以使用仿制图章工具前要先定义采样点，也就是被复制的位置，我们称之为"源"（图3-16）。

取"源"的方法是按住Alt键在要复制的地方单击。如图3-17所示，按住Alt键在小番茄上单击一下取"源"，然后在左上角拖动鼠标绘制，就会看到"源"处的图像被复制出来了。

值得注意的是，"源"的位置并不是一成不变的，当在左上角拖动鼠标的时候，取"源"的地方会产生一个"十"字光标并同时移动。涂抹的地方出现的图像正是"十"字光标所在处的图像,即涂抹的地方复制的是"十"字光标处的图像。因此定义的"源"并不是复制的对象,只是复制的"起始点"。

图 3-16

图 3-17

此外,复制出来的图像不会根据新的背景处的颜色、纹理、明暗度等进行自我调整以达到相互融合的目的,而是和"源"处的图像一模一样,100% 地复制原图,这是仿制图章工具的优点,也是它的局限性。

步骤解析:

Step1:打开 Photoshop,导入如图 3-18 所示的图片素材。

Step2:调整画笔大小使其和电线杆的粗细差不多,大小设置为 50 像素左右,硬度为 100%,按住 Alt 键,在电线杆附近的绿植上单击取"源"。然后在电线杆上自上而下涂抹,直至绿植和地面的交界处,交界处要小心涂抹,可以通过单击一步一步处理边界。当绿植上的电线杆已经处理掉后效果如图 3-19 所示。

仿制图章工具典型工作任务步骤解析

图 3-18

图 3-19

Step3:用同样的方法,在地面上取"源",处理地面上的裂痕,如图 3-20 所示。

图 3-20

Step4:在绿植上取"源"处理站牌,处理站牌和人的交界处时为了处理得更加精确,可以按 Alt 键的同时向上滚动鼠标滚轴放大图像,还可以根据处理部位的大小按"["键和"]"键灵活调整画笔的大小,在处理时要注意"十"字光标不能落到模特身上,因为"十"字光标经过的地方都会被复制。我们发现原站牌的地方处理的效果不太好，看起来不真实，这是因为仿制图章工具是100%复制，不会根据周围的背景进行自我调整，导致原站牌处的绿植比较有规律，如图3-21左图所示。为了解决这个问题，可以选择修复画笔工具在原站牌处的绿植上进行处理，打乱有规律的绿植，如图3-21右图所示。因为修复画笔工具能根据周围的背景进行自动调整，使之能与背景更自然地融合，详细的使用方法请参考修复画笔工具一节。这就要求我们在处理图像时不能简单地只使用一种工具，要根据工作需要随时切换到更加适合的工具。

图 3-21

第四讲　修复画笔工具

典型工作任务：去除照片上的污点

任务解析：

利用修复画笔工具，去除照片上的污点。

知识点讲解：

修复画笔工具其实是仿制图章工具的派生工具，弥补了仿制图章工具的一些不足。仿制图章工具对图案的复制是原样照搬的，即被处理区域完全复制了"源"处的图像，这样在色调相差较大的地方使用就会产生很不协调的效果。例如，在图3-22所示的原图中，在青色的番茄上定义"源"，然后在左边涂抹，效果就非常生硬，被复制的青色的番茄不能融入新的背景中，如图3-23所示。修复画笔工具的使用方法和仿制图章工具的使用方法是一样的，这里不再赘述。接下

图 3-22

来用修复画笔工具进行同样的操作，在青色的番茄上定义"源"，然后在左边涂抹，效果比仿制图章工具好得多，如图3-24所示。因为修复画笔工具不仅可以复制"源"处的图像，还能根据修复处的色调、纹理、明暗度进行自动调整使复制的图像能够和新的背景更加融合，这个功能和污点修复画笔工具相同。修复画笔工具和污点修复画笔工具的区别是，污点修复画笔工具适合修复"污点"，之所以称之为"污点"是因为面积比较小，所以污点修复画笔工具比较适合修复细小的瑕疵，不适合大面积修复。而修复画笔工具比较灵活，无论面积大小都可以修复，但是修复前需要定义"源"。

图 3-23

图 3-24

修复画笔工具典型工作任务步骤解析

步骤解析：

Step1：打开 Photoshop，导入如图 3-25 所示的图片素材。

Step2：按 J 键选中修复画笔工具，按 Alt 键分别在污点附近单击取"源"，对背景、头发、衣服上的污点进行处理，处理的时候可以根据污点大小，按"["键和"]"键调整画笔大小。需要注意的是人物左肩上的白色污点，这个污点同时在背景和衣服上，所以需要分别在衣服和背景上定义"源"，然后分别处理衣服部分的污点和背景部分的污点，并且要求衣服和背景交界处边界明显，不能相互融合。这一点修复画笔工具做不到，可以使用仿制图章工具，如图 3-26 所示。

图 3-25

去除背景上的污点

去除头发、衣物上的污点

去除衣服和背景交界处的污点

最后效果

图 3-26

每种修复工具都具有自己的优点和局限性，因此在处理图片前要认真分析处理要求，然后结合每种工具的特点选择合适的工具进行处理，必要的时候可能要选择多种工具配合使用。

第五讲　修补工具

典型工作任务：处理掉图片中的文字

任务解析：
利用修补工具，处理掉图片中的文字。

知识点讲解：
（1）修补工具的作用：使用修补工具可以用其他区域或图案中的像素来修复选中的区域，可以修改有明显裂痕或污点等有缺陷的图像，适合大面积的修复。

（2）修补工具有"正常"和"内容识别"两种修补模式，当选择"正常"修补模式时，会出现"源"和"目标"两种修补方式，如图 3-27 所示。

图 3-27

①选择"源"时，是用"目标"修补"源"。如图 3-28 所示，用修补工具圈出一朵棉花作为"源"，然后拖动棉花到"目标"处，"源"处的棉花被"目标"修补，修补的是"源"处的内容，如图 3-29 所示。释放鼠标后 Photoshop 会根据"目标"和"源"两个地方的图案、明暗度、纹理、色调等进行自动修正，使修复的区域与周围的环境能够比较自然地融合，如图 3-30 所示。按快捷键 Ctrl+D 取消选区，效果如图 3-31 所示。

图 3-28

图 3-29

图 3-30

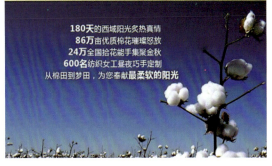

图 3-31

②选择"目标"时，是用"源"修补"目标"。为了对比这两种修补方式的区别，依旧用修补工具圈出一朵棉花作为"源"，如图 3-32 所示，然后拖动棉花到"目标"处，"目标"处的背景被"源"处的棉花修补，修补的是"目标"处的内容，如图 3-33 所示。释放鼠标后 Photoshop 会根据"目标"和"源"两个地方的图案、明暗度、纹理、色调等进行自动修复，使修复的区域与周围的环境能够比较自然地融合，如图 3-34 所示。按快捷键 Ctrl+D 取消选区，效果如图 3-35 所示。因此如果把棉花当成污点处理掉，需要"取"干净的背景作为"源"，如图 3-36 所示，然后移动到"目标"棉花上，效果如图 3-37 所示。

图 3-32   图 3-33

图 3-34   图 3-35

图 3-36   图 3-37

（3）当选择"内容识别"修补模式时，工具选项栏会出现"适应"下拉列表，用于设置"显示源区域的保留严格程度"，其中共有非常严格、严格、中、松散、非常松散 5 种适应模式。其修补方式和"正常"修补模式的"源"差不多，都是用"目标"来修补"源"，但是 Photoshop 进行自动识别和修补时，两者之间的计算方式不同，"内容识别"修补模式更多地保留了"源"的内容，如图 3-38 所示。

内容识别　　　　　　　　　　　　　　　　　　　　　　　　非常严格

严格　　　　　　　　中　　　　　　　　松散　　　　　　　　非常松散

图 3-38

步骤解析：

Step1： 打开 Photoshop，执行"文件"｜"打开"命令，导入素材，如图 3-39 所示。

Step2： 选择修补工具，选择修补模式为"正常"，修补方式为"源"，如图 3-40 所示。

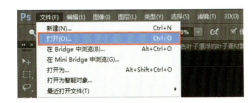

图 3-39　　　　　　　　　　　　　　　图 3-40

Step3： 用修补工具圈出文字区域，如图 3-41 所示。

Step4： 将鼠标放在文字区域内，按住鼠标左键，向左边干净的地方拖动，来实现修补。因为此处为上下径向渐变的背景，所以拖动鼠标时按住 Shift 键可以实现水平拖动，这样可以使修复后的背景更加自然，不会有颜色错位，如图 3-42 所示。

Step5： 继续向左拖动鼠标，如图 3-43 所示。

Step6： 按快捷键 Ctrl+D 取消选区，重新对剩下的文字创建一个比较小的选区，如图 3-44 所示。

图 3-41　　　　　　　　　　　　　　图 3-42

图 3-43　　　　　　　　　　　　　　图 3-44

Step7： 往左拖动选区，如图 3-45 所示。

Step8： 按快捷键 Ctrl+D 取消选区，得到如图 3-46 所示效果。

图 3-45　　　　　　　　　　　　　　图 3-46

第六讲　图案图章工具

典型工作任务：设计海报背景

任务解析：

设计粉色小点背景，用于海报设计，如图 3-47 所示背景。

知识点讲解：

图案图章工具和仿制图章工具一样也是用于完全复制，但在使用前需要将想要复制的图案通过菜单栏的"编辑"|"定义图案"命令存储到"图案拾色器"中。使用的时候选择图案图章工具，选择"图案拾色器"中预存的图案进行复制即可。

图 3-47

步骤解析：

Step1： 首先分析图片，背景上的粉色小点分布均匀、规律，所以只需要做一个小粉色小点，然后用图案图章工具复制即可。

Step2： 新建一个 20 像素 ×20 像素的文件，背景填充为浅粉色，如图 3-48 所示。

Step3： 前景色设置为更浅一点的粉色，画笔大小设置为 10，硬度设置为 70%。在画布的中心位置单击一下鼠标，如图 3-49 所示。

Step4： 执行菜单栏的"编辑"|"定义图案"命令，弹出"图案名称"对话框，给图案重命名，然后单击"确定"按钮，如图 3-50 所示。

图案图章工具典型工作任务步骤解析

图 3-48　　　　图 3-49　　　　　　　　　　　图 3-50

Step5： 使用矩形选框工具在背景中创建一个选区，然后选择图案图章工具，在工具选项栏打开"图案拾色器"，选择刚才定义的"粉色点"图案，在选区内进行涂抹，得到如图 3-51 所示的效果。

图 3-51

Step6: 如果觉得粉色点作为背景太明显会分散注意力,可以执行菜单栏的"滤镜"|"模糊"|"高斯模糊"命令打开"高斯模糊"对话框进行模糊处理,可以将半径设置为 2 个像素。按快捷键 Ctrl+D 取消选区,得到如图 3-52 所示效果图。

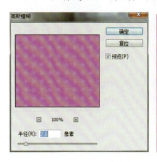 

图 3-52

第七讲 图像调色

很多时候由于拍摄环境等客观条件的限制,拍摄出来的商品图片质量不高,这就需要用 Photoshop 进行调整,使图片能够更好地反映商品的品质,从而提高商品的视觉效果。常见的色彩调整方式有亮度/对比度、色阶、曲线、色相/饱和度等,如图 3-53 所示。这种方法是通过改变原图的像素进行调色的,因此会对原始图像造成很大的破坏,并且这种破坏是不可逆的。例如,通过"图像"|"调整"|"亮度/对比度"命令,先将亮度调整为"-150"使图像变暗,然后再通过此命令将亮度调整为"+150"使图像变亮。表面来看,这一减一增的操作是可以相互抵消的,但事实上图片并不能完全恢复原来的状态。因为第一次的操作确认后,就会使图像中的像素发生改变,而第二次的操作是在改变后的图像上进行的操作,原始图像中已经丢失的细节将无法找回。如果只对图像进行一两次色彩调整,那么这种图像损失或许还是可以勉强接受的,但如果一幅图像要经过多个调整命令,这种损失就会累加起来,将会造成严重的失真问题。

图 3-53

而通过"调整"面板进行调色可以解决这个问题。例如同样进行两次亮度调整,执行"调整"面板中的"亮度/对比度"命令将亮度调整为"-150",会发现"图层"面板新添加了一个调整图层"亮度/对比度1",再次执行"调整"面板中的"亮度/对比度"命令将亮度调整为"+150","图层"面板中又新添了一个调整图层"亮度/对比度2",我们试着隐藏新添加的2个调整图层,发现原图没有发生变化,如图 3-54 所示。也就是说,通过"调整"面板调色并没有直接编辑原图,只是在原图上面添加了调整图层,通过编辑调整图层,达到调整原图的效果,所以原图没有受到任何破坏。这就有效解决了用"图像"|"调整"命令进行调色时造成的图片失真问题。

此外通过"调整"面板调色还增加了可编辑性。当一张图片出现问题时,往往通过一条调整命

图 3-54

令无法将图片调整到最佳效果，需要"亮度/对比度""色阶""曲线""色相/饱和度"等调整命令里面的几种命令配合使用。这时"调整"面板调色的可编辑性的优点将会发挥得淋漓尽致。

例如，我们对图像进行了亮度调整之后发现图像色彩不正，这时就需要调整色相，但是当调整好色相之后，发现第一步中调整亮度的效果不佳。如果我们是通过"图像"|"调整"菜单调整的，就必须撤销历史纪录到亮度调整之前，即撤销刚才的亮度和色相调整，然后重新调整亮度和色相。如果调整完之后效果仍不佳，再撤销后重新调整。按照这样的思路，如果一幅图像综合应用了多种色彩调整命令，改变其中任何一个的设定，都可能引起一系列的连锁改变。因此非常不方便。

而用"调整"面板调色刚好能解决这个问题，因为每执行一个调整命令都会新建一个调整图层，当我们认为哪个调整命令调整的效果不佳的时候，双击那个调整图层，会弹出对应的调整命令的对话框，可以重新设置参数，甚至可以删掉这条调整命令，这就极大地增加了图像色彩调整的可编辑性。

因此在进行色彩调整时，为了增加可编辑性，尽量使用"调整"面板进行调色。

典型工作任务一：调整整体偏暗的行李箱

任务解析：
由于拍摄环境原因，摄影师拍摄的行李箱商品图片偏暗，需要进行色彩调整。

知识点讲解：
亮度：是指画面的明亮程度。

对比度：是指画面黑与白的比值，也就是从黑到白的渐变层次。比值越大，从黑到白的渐变层次就越多，从而色彩表现越丰富。因此对比度较大时，图像会比较清晰、醒目，色彩会比较鲜明艳丽；对比度较小时，则反之。

步骤解析：

Step1： 打开 Photoshop，导入素材。单击"调整"面板中的"亮度/对比度"按钮，如图 3-55 所示，添加一个亮度/对比度调整图层。

Step2： 在弹出的"亮度/对比度"对话框中，分别调整"亮度"和"对比度"的参数，如图 3-56 所示。如果单击"自动"按钮，Photoshop 会自动调整亮度和对比度，若对自动调整效果不满意，可以在自动调整的基础上进行手动微调。

Step3： 设置完成后，得到如图 3-57 所示效果。

图像调色典型工作任务一 步骤解析

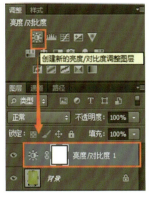
图 3-55

图 3-56

调整前　　　　调整后
图 3-57

典型工作任务二：调整大红枣产品图

任务解析：
对大红枣产品图进行调整，使图片更加清晰，层次感更加鲜明。

知识点讲解：
色阶：用来调整图片明暗程度的工具，有黑色、灰色、白色三个滑块，黑色代表暗部，灰色代表中间调，白色代表高光，拖动这些滑块就可以调整图片的明暗程度，我们可以按照图片的实际明暗选择相应的滑块快速修复图片的明暗程度。"输出色阶"由黑色至白色渐变构成，拖动两边的滑块可以快速调整明暗程度。

步骤解析：

Step1： 打开 Photoshop，导入素材。单击"调整"面板中的"色阶"按钮，添加一个色阶调整图层，如图 3-58 所示。

Step2： 在弹出的"色阶"对话框中，分别调整暗部、中间调和高光的滑块，参数如图 3-59 所示。如果单击"自动"按钮，Photoshop 会自动调整暗部、中间调和高光的参数，若对自动调整效果不满意，可以在自动调整的基础上进行微调。

Step3： 单击"调整"面板中的"亮度/对比度"按钮，添加一个亮度/对比度调整图层，如图 3-60 所示。

Step4： 在弹出的"亮度/对比度"对话框中，分别调整"亮度"和"对比度"的参数，如图 3-61 所示。

图 3-58

图 3-59

图 3-60

图 3-61

Step5： 设置完成后，得到如图 3-62 所示效果。

调整前

调整色阶后

进一步调整亮度/对比度后

图 3-62

"色阶"命令还有一个很好用的功能,在"色阶"对话框中最左边有3个吸管,分别可以在图像中取样设置黑场、灰场和白场,常用的是定义白场,即画面中最亮的部分。可以通过定义白场,使画面的背景变成白色,免去抠图的麻烦,如图3-63所示。

典型工作任务三:制作丑橘主图

任务解析:

处理丑橘原图3-64,并将其移动到丑橘主图中去,完成主图设计。按照常规的做法需要将丑橘抠出来移到主图中去,但这样做有两个缺点,一是抠图耗费时间,二是抠图之后产品自带的阴影就抠掉了。而利用"色阶"命令中的自定义白场解决这个问题既省时效果又好。

图 3-63

图 3-64

步骤解析:

Step1: 打开 Photoshop,导入素材。将丑橘移动到主图中,并调整丑橘的大小和位置,如图3-65所示。

Step2: 单击"调整"面板中的"色阶"按钮,添加一个色阶调整图层,选择自定义白场吸管,在丑橘图像上找一个合适的点定义白场,可以多试几次定义白场的位置,以求达到最佳效果。图3-66所示效果图是在红框内定义的白场,这里一键完成了抠图效果,还自带阴影。

图 3-65   图 3-66

典型工作任务四：调整丑橘的亮度及色彩

任务解析：
这里我们需要找一款能同时调整图片明暗度和色调的工具进行调色。

知识点讲解：
曲线是调色中运用非常广泛的工具，不仅可以用来调整图片的明暗度，还可以通过单色通道来调色、校正颜色、增加对比以及用来制作一些特殊的塑胶或水晶效果等。

步骤解析：

Step1： 打开 Photoshop，导入素材，如图 3-67 所示。

Step2： 单击"调整"面板中的"曲线"按钮，添加一个曲线调整图层。选择绿色通道调整曲线，Photoshop 只调整绿色，其他颜色不受影响。我们会发现丑橘的叶子和树枝变绿了，同时背景也变绿了，当然这不是我们想要的效果，这么调整的目的是想给大家实验一下单色通道调色，所以我们在调整的时候要把握度，过犹不及。这里我们撤销这一步操作，重新调整，如图 3-68 所示。

图 3-67

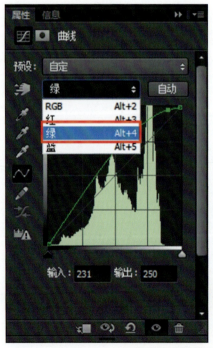

图 3-68

Step3： 选择复合通道进行整体调整，图像的亮度发生了变化，色彩也发生了变化，如图 3-69 所示。

Step4： 在曲线的左边也有一列自定义黑场、灰场和白场的吸管，功能和使用方法与色阶一样，选择自定义白场吸管，然后在丑橘图像上找个合适的点自定义白场，得到如图 3-70 所示效果。

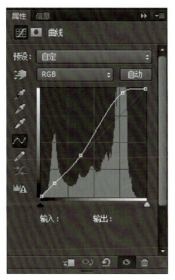

图 3-69　　　　　　　　　　　　　　　　　　　　图 3-70

典型工作任务五：调整模特图使颜色更加鲜艳

任务解析：

通过调整饱和度使图片的颜色更加饱满鲜艳。

知识点讲解：

饱和度：是指色彩的鲜艳程度，也称色彩的纯度。饱和度取决于该色中含色成分和消色成分（灰色）的比例。含色成分越大，饱和度越大；消色成分越大，饱和度越小。纯的颜色都是高度饱和的，如鲜红色、鲜绿色。

自然饱和度：自然饱和度只能提升画面中比较柔和（饱和度低）的颜色，而使原本饱和度高的颜色保持原状。

自然饱和度是在调整其数值的时候可以保证不会有太多的失真和溢出，而饱和度是最直接的数值调整，也就是说，在调整自然饱和度时比饱和度调整数值时的变化要小一些。

步骤解析：

Step1: 打开 Photoshop，导入素材，如图 3-71 所示。

Step2: 通过"调整"面板添加"自然饱和度"命令，只调节"饱和度"，数值如图 3-72 左图所示。这时天空的饱和度变高，天空变得更蓝了，但是人物皮肤的饱和度也变高了，如图 3-72 右图所示。

图像调色典型工作任务五
步骤解析

图 3-71　　　　　　　　　　　　　　　　　　　　图 3-72

Step3: 还原"饱和度"的数值,将"自然饱和度"的数值调整为"+66",如图 3-73 左图所示。这时天空的饱和度变高,天空变得更蓝了,但是人物皮肤的饱和度基本上没有变,如图 3-73 右图所示。

图 3-73

典型工作任务六:调整大红枣图像

任务解析:

图 3-74 是前面讲色阶时调整过的一张图,下面在图 3-74 的基础上提高产品的饱和度,增加大红枣的质感。

步骤解析:

Step1: 通过"调整"面板添加"自然饱和度"命令,添加自然饱和度调整图层,如图 3-75 所示。

Step2: 在弹出的"自然饱和度"对话框中,调整图像的自然饱和度,参数如图 3-76 所示。

图 3-74

Step3: 调整了色阶、亮度/对比度、自然饱和度之后的效果如图 3-77 所示。

图 3-75　　　　图 3-76　　　原图　　　效果图

　　　　　　　　　　　　　　　　图 3-77

典型工作任务七：用红色的手机支架调出其他颜色的手机支架

任务解析：

有一款手机支架有 6 种颜色，现在需要一张包含所有颜色的整体图制作海报，为了保证海报的美观度，要求 6 种颜色的手机支架造型一致。在拍摄现场我们发现很难使 6 种颜色的手机支架造型统一，于是我们改变了策略，只拍摄红色的手机支架，其他 5 种颜色的手机支架通过红色的手机支架调色得出。

知识点讲解：

色相：是指颜色的外貌，范围为 0 ~ 360，色相的特征决定于光源的光谱组成以及物体表面反射的各波长，当人眼看一种或多种波长的光时所产生的彩色感觉，反映颜色的种类，决定颜色的基本特性。色相差别是由光波波长的长短产生的。即便是同一类颜色，也能分为几种色相，如黄颜色可以分为中黄、土黄、柠檬黄等。光谱中有红、橙、黄、绿、蓝、紫六种基本色光。

步骤解析：

Step1： 打开 Photoshop，导入素材，如图 3-78 所示。

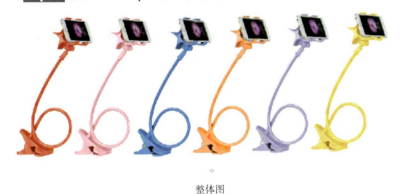
整体图

红色的手机支架

图 3-78

Step2： 用魔棒工具将红色的手机支架抠出，移动到整体图上。第一个是红色不用调整，按快捷键 Ctrl+J 复制 1 个红色副本出来，并选择移动工具，向后移动一些，准备调出粉红色，如图 3-79 所示。

Step3： 通过"调整"面板添加"色相/饱和度"命令，添加色相/饱和度调整图层，如图 3-80 所示。

图 3-79

图 3-80

Step4: 在弹出的"色相/饱和度"对话框中调整色相，此时所有手机支架的颜色都跟着一起变化，这是因为刚添加的这个调整图层对它下面的所有图层都起到了调整作用，这不是我们想要的结果，我们希望这个调整图层只对它下面的图层即"图层1副本"起作用，如图3-81所示。

图 3-81

Step5: 为了解决上面的这个问题，我们需要做剪贴蒙版，方法如下：选中色相/饱和度调整图层为当前图层，然后执行菜单栏的"图层"|"创建剪贴蒙版"命令，或按快捷键Alt+Ctrl+G。这个时候色相/饱和度调整图层的缩略图会向后缩进，并多了一个向下的箭头，且只对离得最近的下一个图层起作用。我们再来看一下刚才调整的画面，其他手机支架的颜色都恢复原貌了，只有"图层1副本"上的这个手机支架受到了影响，如图3-82所示。

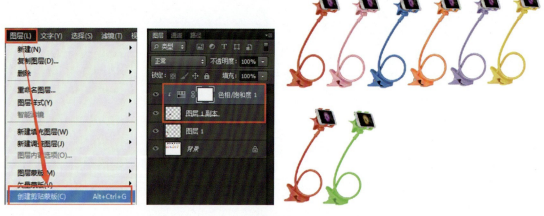

图 3-82

Step6: 下面再介绍一种创建剪贴蒙版的方法。按Alt键之后，把鼠标移动到两个图层中间，光标会变成如图3-83所示的"正方形+向下"的箭头，这个时候单击鼠标左键，即可创建剪贴蒙版。

Step7: 为了使色彩调整不影响其他图层，需要让每个调整图层都以剪贴蒙版的形式作用一个图层，如果一个一个创建剪贴蒙版就太麻烦了，所以可以在创建调整图层之前，单击"调整"面板的面板菜单按钮，然后在弹出的菜单中执行"剪切到图层"命令。这样后面创建的调整图层都会自动创建剪贴蒙版，并只作用下面的一个图层，如图3-84所示。

图 3-83

图 3-84

Step8： 其实在刚才调整的图像里面还存在一个问题，那就是手机上图案的颜色变了，因此我们不能在全图复合通道下调整，如图 3-85 所示，要在红色单通道下调整，这样红色以外的其他颜色将不受影响，如图 3-86 所示。

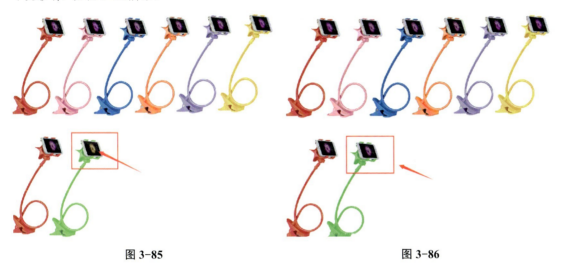

图 3-85　　　　　　　　　　　图 3-86

Step9： 前面讲了操作时最容易犯的错误，是为了增加大家的印象，下面重点讲解怎么调色。删除刚才添加的调整图层，重新添加一个色相/饱和度调整图层，在红色单通道下进行调整。首先调整移动"色相"下面的滑块，定位在与粉色最接近的位置，如图 3-87 所示。

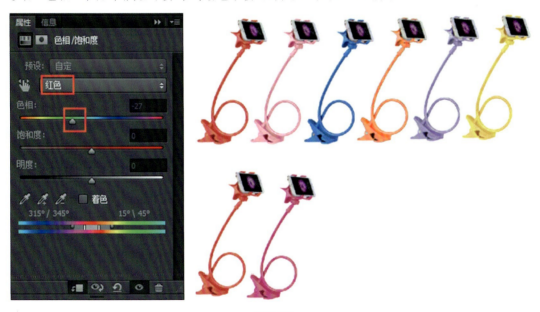

图 3-87

Step10： 现在调出来的颜色比实际颜色鲜艳，所以要将饱和度降低，如图 3-88 所示。

Step11： 现在调出来的颜色还是比实际颜色鲜艳、明亮，所以要将明度调高，使粉色变浅，经过这一步的调整终于和实际颜色比较接近了，如图 3-89 所示。

Step12： 上一步操作的结果比实际颜色偏灰，所以试着将饱和度调高一些，如图 3-90 所示。

Step13： 颜色还是比实际颜色偏深，调整一下色相，如图 3-91 所示。

Step14： 颜色还是比实际颜色偏深，再调整一下明度和饱和度，经过多次微调，得到如图 3-92 所示效果。

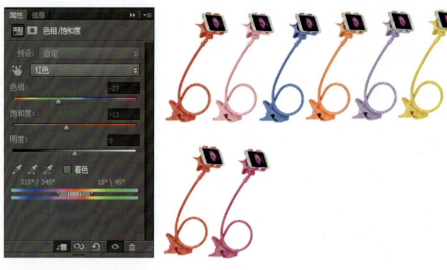

图 3-88

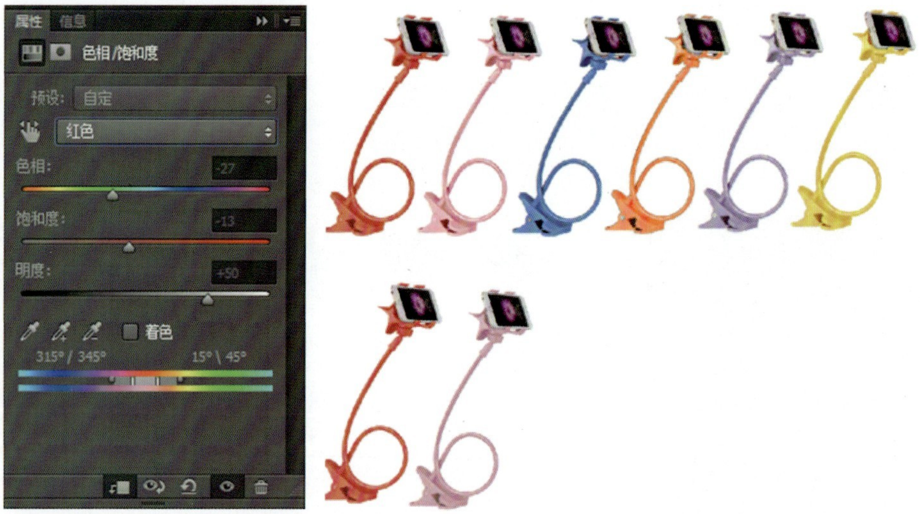

图 3-89

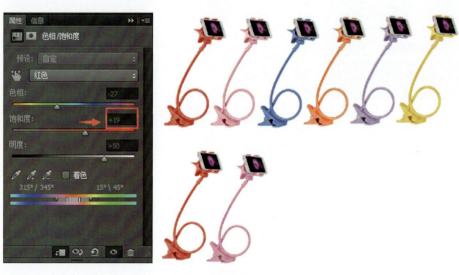

图 3-90

项目三 修图篇 083

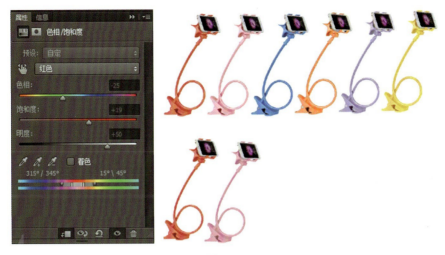

图 3-91

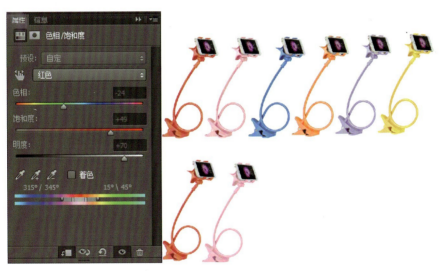

图 3-92

Step15：选中红色的手机支架作为当前图层，连按 4 次快捷键 Ctrl+J 复制出 4 个红色副本，并选择移动工具，将 4 个副本的位置排好。然后通过多次调整得出蓝色的参数，如图 3-93 所示。

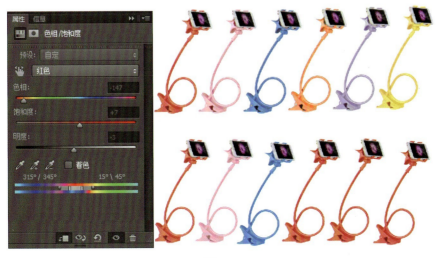

图 3-93

Step16：同理，调出橙色的手机支架，如图3-94所示。

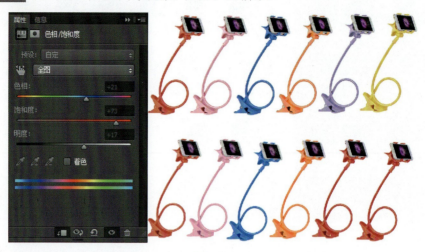

图 3-94

Step17：同理，调出紫色的手机支架，如图3-95所示。

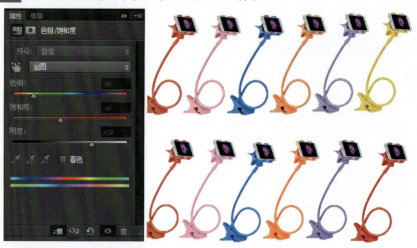

图 3-95

Step18：同理，调出黄色的手机支架，如图3-96所示。

图 3-96

第八讲　模糊与锐化工具

典型工作任务：虚化局部背景

任务解析：

为了突出某件实物，我们经常采用的措施是模糊其周围的背景，使其更加突出。

知识点讲解：

（1）模糊工具：选择模糊工具对需要处理的地方进行涂抹，被涂抹的地方就会变模糊。

（2）锐化工具：锐化工具一般用来处理模糊的图像，使用锐化工具对模糊的地方进行涂抹，可以使画面变得清晰，但是如果涂抹的太多会增加噪点。

模糊与锐化工具是两个相对的工具，模糊工具可以让图片变得模糊，锐化工具又可以让图片变得清晰，看似矛盾的两个工具，配合使用却可以让图片达到更好的效果。

模糊与锐化工具典型工作任务步骤解析

步骤解析：

Step1： 选择模糊工具，调整画笔大小，涂抹带壳的香榧和席子，使其变得模糊，如图3-97所示。

　　　　原图　　　　　　　　　　　　　　　模糊后

图 3-97

Step2： 选择锐化工具，调整画笔大小，涂抹剥开的几颗香榧，尤其是最上面的一颗，使其变得更加清晰，如图3-98所示。

图 3-98

第九讲 模糊滤镜

典型工作任务：虚化背景

任务解析：

虚化图 3-99 所示图片素材中切开的丑橘周围的背景，使切开的丑橘更加突出，以引起消费者食欲。请分别用场景模糊、光圈模糊、倾斜偏移和高斯模糊 4 种滤镜进行处理。

知识点讲解：

景深效果在摄影中可以很好地突出拍摄主体，漂亮的景深能为照片添加很多美感。但是由于镜头的限制以及诸多拍摄因素的影响，有时候拍摄出的照片景深效果并不令人满意，所以只能依靠后期处理时在 Photoshop 中对照片的景深进行处理。在 Photoshop CS6 中，模糊工具中增加了场景模糊、光圈模糊和倾斜偏移 3 种全新的模糊方式来帮助摄影师在后期编辑照片时通过非常简单的操作创造出媲美真实相机拍摄的景深效果。

步骤解析：

1. 使用场景模糊处理

第一次使用场景模糊的用户会感觉有些茫然，因为进入该命令的控制面板后整个画面全部变为了模糊状，如图 3-100 所示。

图 3-99　　　　　　　　　图 3-100

模糊滤镜典型工作任务
步骤解析

其实使用场景模糊为照片添加景深的方法非常简单，只需要为照片不同的位置添加控制点，然后将每个控制点赋予不同的模糊数值，便可以建立完美的景深效果。

Step1： 打开 Photoshop，导入素材。执行菜单栏的"滤镜"|"模糊"|"场景模糊"命令，根据前后景别的层次为图片添加 5 个场景模糊控制点，如图 3-101 所示。

Step2： 根据前景、中景、背景之间的关系分别为每个控制点设置模糊参数，中间位置清晰，前景和背景的控制点则要根据景深的变化规则，设置相应的模糊数值得到精确的景深效果，如图 3-102 所示。

图 3-101　　　　　　　　　图 3-102

由此可见，使用场景模糊滤镜可以对同一张图片不同的地方进行不同程度的模糊。

2. 使用光圈模糊处理

下面讲解一下光圈模糊滤镜的使用方法，每个控制点（黑框标注）周围会出现9个控制柄，4个白色圆点（蓝框标注），4个黑色圆点（红框标注），1个菱形白点（白框标注），我们称这些圆点组成的形状为光圈，如图3-103所示。

如果将模糊度设置为66像素，中心控制点到白色圆点之间的区域模糊度为0像素，白色圆

图 3-103

点到黑色圆点之间的区域模糊度从0像素逐渐过渡到66像素，黑色圆点之外的区域模糊度都是66像素。

可以通过调节白色圆点所在椭圆的大小来控制画面清晰的区域范围，以及从清晰到模糊的渐变快慢。若白色圆点所在的椭圆变小，则画面清晰的区域变小，从清晰到模糊的渐变变慢，如图3-104所示。若白色圆点所在的椭圆变大，则画面清晰的区域变大，从清晰到模糊的渐变变快，如图3-105所示。

图 3-104

图 3-105

调节黑色的圆点可以改变椭圆的长轴和短轴的长度，从而改变光圈的形状。分别移动上下和左右的黑色圆点，得到如图3-106和图3-107所示的效果。

图 3-106

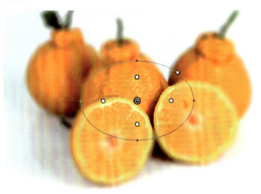

图 3-107

调节菱形白点可以使椭圆变成圆角矩形，如图3-108所示。

将光标放到黑色实线上，光标会变成双向箭头，这个时候移动光标可以控制光圈的大小。将光标放到黑色圆点附近，光标会变成双向的弧形箭头，这个时候移动光标可以旋转光圈，如图3-109所示。

图 3-108　　　　　　　　　　　　图 3-109

Step1： 打开 Photoshop，导入素材。执行菜单栏的"滤镜"|"模糊"|"光圈模糊"命令，得到如图 3-110 所示图片。

Step2： 调节模糊值为 30 像素，旋转镜头，调节白色圆点，使切开的丑橘切面清晰，其他模糊，如图 3-111 所示。

Step3： 单击"确定"按钮，得到如图 3-112 所示效果。

图 3-110　　　　　　　　　　　　图 3-111

3. 使用倾斜偏移处理

下面讲解一下倾斜偏移滤镜的使用方法，其使用方法和光圈模糊滤镜基本一样。实线内是清晰的图案，实线到虚线的范围内是从清晰到模糊的过渡，虚线之外是模糊的。我们可以通过调节实线和虚线之间的距离调节清晰的范围和清晰到模糊过渡的快慢，也可以通过双向弧形箭头进行旋转，如图 3-113 所示。

图 3-112　　　　　　　　　　　　图 3-113

Step1: 打开 Photoshop，导入素材。执行菜单栏中的"滤镜"|"模糊"|"倾斜偏移"命令，得到如图 3-114 所示图片。

Step2: 调节模糊值为 30 像素，旋转线的方向及调整虚线和实线之间的距离，使切开的丑橘切面清晰，其他模糊，如图 3-115 所示。

图 3-114　　　　　　　　　　　　图 3-115

4. 使用高斯模糊处理

下面讲解一下高斯模糊滤镜的使用方法。高斯模糊是 Photoshop 常见的一种对背景进行模糊处理的方法，这种模糊效果可以让人仿佛透过一种半透明的介质来看整张图片，使图片失去焦点。高斯模糊滤镜与蒙版配合使用会更加灵活，可以只模糊需要模糊的地方。

步骤解析：

Step1: 打开 Photoshop，导入素材。按快捷键 Ctrl+J，为当前图层新建一个副本，如图 3-116 所示。

Step2: 执行菜单栏的"滤镜"|"模糊"|"高斯模糊"命令，弹出"高斯模糊"对话框，设置半径为 15，然后单击"确定"按钮，得到如图 3-117 所示效果。

Step3: 单击"图层"面板下方的"添加图层蒙版"按钮，为"图层 1"添加蒙版，如图 3-118 所示。

Step4: 将前景色设置成黑色，然后用黑色的画笔涂抹切开的丑橘，"图层 1"中被涂抹成黑色的区域将会变成透明的，从而露出下一图层的画面，得到如图 3-119 所示效果。

图 3-116

图 3-117　　　　　　　　　　　　图 3-118

图 3-119

第十讲 液化滤镜

典型工作任务：给模特瘦身

任务解析：

利用液化工具，对模特进行瘦身。

知识点讲解：

液化工具是一种对图像进行收缩、推拉、扭曲、旋转等变形处理的变形工具。

液化工具包含向前变形工具、重建工具、顺时针旋转扭曲工具、褶皱工具、膨胀工具、左推工具等。液化工具的高级模式中还包含冻结蒙版工具和解冻蒙版工具。

（1）向前变形工具：和普通的涂抹工具类似，将图像沿着光标行进的方向拉伸。作用范围以画笔大小为准，如图 3-120 所示。

原图　　　　　　　　　向右推　　　　　　　　　向左推

图 3-120

（2）重建工具：可以一步一步地撤销各个液化工具的效果，如果持续按住鼠标左键就会持续恢复，直至恢复原样。还可以在"高级模式"下从图 3-121 左图的模式中选择不同的重建模式。如果单击"恢复全部"按钮则会撤销所有操作，这相当于按住 Alt 键后单击右上角的"取消"按钮。单击"重建"按钮会弹出"恢复重建"对话框，可以通过滑动滑块或者修改数值决定恢复的程度，如图 1-121 右图所示。

图 3-121

（3）顺时针旋转扭曲工具：将图像呈 S 形扭曲，按住 Alt 键切换为逆时针方向。作用范围以画笔大小为准。在一点上持续按住鼠标左键将加倍效果，如图 3-122 所示。

原图　　　　　　顺时针旋转　　　　　逆时针旋转

图 3-122

（4）褶皱工具：将图像从边缘向中心挤压，通俗地说就是缩小。作用范围以画笔大小为准。在腹部使用此工具，腹部变小，如图 3-123 所示。

（5）膨胀工具：与褶皱工具相反，将图像从中心向四周扩展，通俗地说就是放大。作用范围以画笔大小为准。在胸部、眼睛等部位可以起到变大的作用，如图 3-124 所示。

　　原图　　　　　效果图　　　　　原图　　　　　效果图

　　　　图 3-123　　　　　　　　　　图 3-124

（6）左推工具：左推工具是将一侧的图像向另一侧移动，也就是将画笔范围内的一侧推向另一侧。鼠标移动的方向决定推移的方向。鼠标从上往下移动时图像从左往右推，鼠标从左往右移动时图像从下往上推。

（7）冻结蒙版工具：如果希望有些区域不受液化工具作用的影响，可使用冻结蒙版工具将其保护起来，如图3-125所示。

（8）解冻蒙版工具：其作用则是解除冻结蒙版的保护。

没有冻结　　添加冻结

图 3-125

步骤解析：

液化滤镜典型工作任务
步骤解析

Step1： 打开 Photoshop，导入素材。执行菜单栏的"滤镜"|"液化"命令，会弹出"液化"对话框，如图3-126所示。

图 3-126

Step2： 对图片中的人物进行简单的瘦身。选择工具栏中的向前变形工具，对人物的腰部、腿部和手臂等需要瘦身的部位进行轻推，来达到瘦身的效果。这里画笔的设置要稍微大一些，如果画笔太小，使用变形工具进行变形的时候，容易推出"小坑"，使得瘦身效果不自然，如图3-127所示。在处理腿部和手臂的时候要使用冻结蒙版工具将暂时不需要处理的区域保护起来。

Step3： 在处理右腿的时候选择冻结蒙版工具，在左腿上涂抹冻结蒙版，将其保护起来，如图3-128所示。

Step4： 重新选择向前变形工具从右腿的内侧往外推，起到瘦腿效果，如图3-129所示。

Step5： 处理完毕后，单击"液化"对话框"蒙版选项"选项组中的"全部反相"按钮，对右腿添加冻结蒙版，将右腿保护起来，如图3-130所示。

Step6： 重新选择向前变形工具从左腿的内侧往外推、外侧往里推，起到瘦腿效果。处理完成后单击"液化"对话框"蒙版选项"选项组中的"无"按钮来进行解冻蒙版，或者选择工具栏中的解冻蒙版工具，对冻结的部位进行涂抹，便可以解除冻结，如图3-131所示。

Step7： 按照同样的方法对模特的腰部、手臂进行处理。选择褶皱工具，处理模特的腹部，达到收腹效果。选择膨胀工具，处理模特的胸部，达到丰胸效果。最后的效果如图3-132所示。

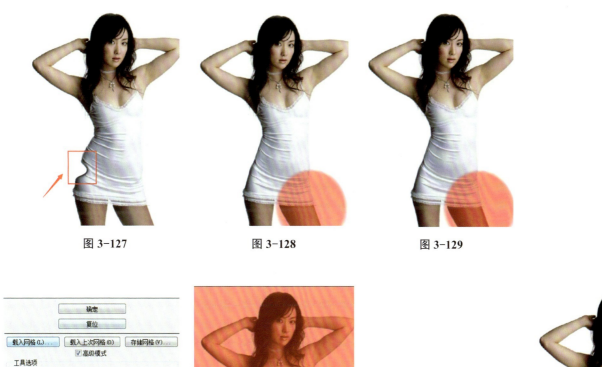

图 3-127　　　　　图 3-128　　　　　图 3-129

图 3-130　　　　　　　　　　　　　　　图 3-131

原图　　　　　　　液化后

图 3-132

第十一讲　消失点滤镜

典型工作任务：为海报添加广告词

任务解析：

为空气净化器海报添加广告词——"TOSOT 空气净化器，引领健康"，把广告词放到具有透视效果的字幕"A"上，得到如图 3-133 所示效果图。

图 3-133

知识点讲解：

在现实世界里存在着近大远小的透视现象，如路边一样高的树，离我们近的看起来会比较大，离我们远的看起来就会显得比较小，这就是透视效果。消失点滤镜的主导思想是通过透视平面来模拟近大远小的透视效果，因此最初的创建平面就很重要，要分析图像结构以决定如何创建平面，然后就可以应用诸如绘画、仿制、复制或粘贴以及变换等编辑操作。

消失点滤镜典型工作任务步骤解析

步骤解析：

Step1： 打开 Photoshop，导入素材。选择横排文字工具，输入"TOSOT"，在文字工具选项栏修改文字的字体、字号、颜色等属性，然后按 Enter 键确认，如图 3-134 所示。

图 3-134

Step2： 按住 Ctrl 键，单击"TOSOT"文字图层的缩略图，对文字创建选区。按快捷键 Ctrl+C 复制文字，将文字存在剪切板中，然后按快捷键 Ctrl+D 取消选区，如图 3-135 所示。

Step3： 切换到背景图层为当前图层，执行菜单栏的"滤镜"|"消失点"命令，弹出"消失点"对话框。选择工具箱第二个工具"创建平面工具"，创建如图 3-136 所示的平面，如果对创建的平面不满意，可以通过工具箱第一个工具"编辑平面工具"进行修改。

Step4： 按快捷键 Ctrl+V 粘贴刚才复制的文字，文字会出现在左上角。然后拖动文字到平面上，按快捷键 Ctrl+T 对文字进行自由变换，调整文字的大小，达到如图 3-137 所示效果，然后单击"确定"按钮。

Step5： 删除"TOSOT"文字图层，得到如图 3-138 所示效果。

图 3-135　　　　　　　　　　　　　　　图 3-136

图 3-137　　　　　　　　　　　　　　　图 3-138

Step6： 选择竖排文字工具，输入"空气净化器"，设置文字各项参数，然后按 Enter 键确认。

Step7： 重复 Step2 的操作，按住 Ctrl 键单击"空气净化器"文字图层的缩略图，对文字创建选区。按快捷键 Ctrl+C 复制文字，将文字存在剪切板中，然后按快捷键 Ctrl+D 取消选区。

Step8： 切换到背景图层为当前图层，执行菜单栏的"滤镜"|"消失点"命令，弹出"消失点"对话框。选择工具箱第二个工具"创建平面工具"，创建如图 3-139 所示的平面。

Step9： 按快捷键 Ctrl+V 粘贴刚才复制的文字，文字会出现在左上角。然后拖动文字到创建的第二个平面上，按快捷键 Ctrl+T 对文字进行自由变换，调整文字的大小，达到如图 3-140 所示效果，然后单击"确定"按钮。

Step10： 按照同样的方法把"引领健康"这几个字放到字幕"A"上，得到如图 3-141 所示效果。

图 3-139　　　　　　　　　图 3-140　　　　　　　　　图 3-141

第十二讲　自由变换

典型工作任务一：调整模特大小

任务解析：

调整模特到合适的大小，使其在海报中的比例适中。

知识点讲解：

自由变换工具是指可以通过自由旋转、比例、倾斜、扭曲、透视和变形工具来变换对象的工具。执行菜单栏的"编辑"|"自由变换"命令或者按下快捷键Ctrl+T，则当前图层上的图像周围会出现8个控制柄和1个旋转中心，其中这8个控制柄中有4个角点和4个边点。这8个控制柄和旋转中心的作用及使用方法和移动工具属性"显示变换控件"一样，这里不再赘述，如图3-142所示。

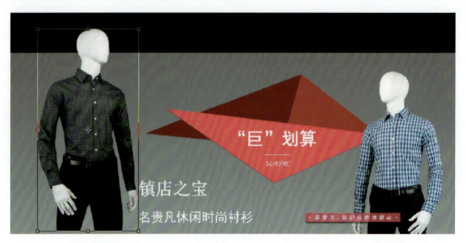

图 3-142

下面重点讲解一下非常规的变换，Ctrl键控制自由变化；Shift键控制方向、角度和等比例放大缩小；Alt键控制中心对称。

1. 按下Ctrl键

（1）按下Ctrl键的同时拖动角点可以做对角为直角的自由四边形，如图3-143所示。

（2）按下Ctrl键的同时拖动边点可以做对边不变的自由平行四边形，如图3-144所示。

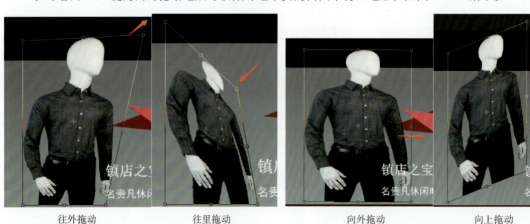

往外拖动　　往里拖动　　　　向外拖动　　向上拖动

图 3-143　　　　　　　　　图 3-144

2. 按下 Shift 键

（1）按下 Shift 键的同时拖动角点可等比例放大或缩小图像。

（2）按下 Shift 键的同时旋转图像，旋转的度数以 15° 作为增幅进行增加，即旋转的角度只能是 15° 的倍数。

3. 按下 Alt 键

（1）按下 Alt 键的同时拖动角点可以做中心对称自由矩形，如图 3-145 所示。

（2）按下 Alt 键的同时拖动边点可以做中心对称的等高或等宽自由矩形。

向下拖动

向右拖动

图 3-145

4. 按下快捷键 Shift+Ctrl

（1）按下快捷键 Shift+Ctrl 的同时拖动角点可以做对角为直角的直角梯形，如图 3-146 所示。

向左拖动

向右拖动

向上拖动

向下拖动

向左下角拖动

向右上角拖动

图 3-146

（2）按下快捷键 Shift+Ctrl 的同时拖动边点可以做对边不变的等高或等宽的自由平行四边形。

5. 按下快捷键 Alt+Ctrl

（1）按下快捷键 Alt+Ctrl 的同时拖动角点可以做相邻两角位置不变的中心对称自由平行四边形，如图 3-147 所示。

（2）按下快捷键 Alt+Ctrl 的同时拖动边点可以做相邻两边位置不变的中心对称自由平行四边形。

6. 按下快捷键 Alt+Shift

（1）按下快捷键 Alt+Shift 的同时拖动角点可以做中心对称的等比例放大或缩小的矩形，如图 3-148 所示。

（2）按下快捷键 Alt+Shift 的同时拖动边点可以做中心对称的等高或等宽自由矩形，如图 3-149 所示。

图 3-147

图 3-148

图 3-149

7. 按下快捷键 Alt+Shift+Ctrl

（1）按下快捷键 Alt+Shift+Ctrl 的同时拖动角点可以做等腰梯形、三角形或相对等腰三角形，如图 3-150 所示。

（2）按下快捷键 Alt+Shift+Ctrl 的同时拖动边点可以做中心对称等高或等宽的自由平行四边形。

向右拖动

向左拖动

向下拖动

向上拖动

图 3-150

步骤解析：

Step1： 打开 Photoshop，导入素材。选中模特所在的图层为当前图层，按快捷键 Ctrl+T 对模特进行自由变换，如图 3-151 所示。

图 3-151

Step2： 按住 Shift 键，拖动角点，将模特等比例缩小，并移动至合适的位置，按 Enter 键确认操作，如图 3-152 所示。

图 3-152

典型工作任务二：对模特进行变形处理

任务解析：

对模特进行一些非常规的变形处理，使其有更强的视觉冲击力。

知识点讲解：

斜切工具是指对选区的某个边界进行拉伸和压缩，但作用的方向只能沿着该边界所在的直线上。比方说，将正方形变成平行四边形就可以使用斜切工具，对正方形的某个边进行拉伸和压缩。

步骤解析：

Step1： 打开 Photoshop，导入素材。选中模特所在的图层为当前图层，按自由变换快捷键 Ctrl+T，然后在模特上单击鼠标右键，在弹出的快捷菜单中执行"斜切"命令，如图 3-153 所示。

Step2： 按下快捷键 Alt+Shift 的同时拖动边点，得到如图 3-154 所示效果。

图 3-153

图 3-154

典型工作任务三：为计算机制作屏保图案

任务解析：

将平面的鲜花图案，置于有透视效果的计算机屏幕中，为计算机制作屏保图案，如图 3-155 所示。

图 3-155

知识点讲解：

扭曲就是将图片进行扭曲变形，使得图片按一定形状存在，通俗地讲就是在现实中将一张纸质照片扭曲。使用时，选择扭曲工具，针对选区的边角，按住鼠标左键并移动鼠标即可进行选区的适当扭曲。

执行"编辑"|"变换"|"扭曲"命令可以对选区中的图像进行扭曲变形操作。在此情况下图像四周将出现变换控制框，拖动变换控制框中的控制句柄，即可进行扭曲操作。

步骤解析：

Step1： 打开 Photoshop，导入素材。双击鲜花文件背景图层，弹出"新建图层"对话框，单击"确定"按钮对鲜花文件进行解锁，如图 3-156 所示。

Step2： 按下 V 键，选择移动工具，在鲜花图片上按下鼠标左键不要松手，拖动到计算机的文件名上，当计算机的文件名亮起来的时候光标旁边会多一个"+"号，继续拖动鲜花，放到计算机上，完成文件的移动，如图 3-157 所示。

Step3： 按下快捷键 Ctrl+T，当鲜花周围出现控制柄的时候，在鲜花上单击鼠标右键，在弹出的快捷菜单中执行"扭曲"命令。移动鲜花，使其中一个角点与显示屏的一角重合，如图 3-158 所示。

Step4： 分别拖动其他三个角点到显示屏的其他三个角，然后微调每个角点，使之与计算机屏幕的四个角重合，然后按 Enter 键确认操作，得到如图 3-159 所示的效果。

自由变换典型工作任务三
步骤解析

图 3-156　　　　　　　　　图 3-157　　　　　　　　　图 3-158

| 移动第二个角点 | 移动第三个角点 | 移动第四个角点 | 最终效果 |

图 3-159

典型工作任务四：为海报添加透视效果的桌面

任务解析：

为海报添加透视效果的桌面，使坚果和形象代言哈哈翁有着力面，如图 3-160 所示。

知识点讲解：

透视工具能够使图像形成近大远小的透视效果。

步骤解析：

Step1： 打开 Photoshop，导入素材。双击地板文件背景图层，弹出"新建图层"对话框，单击"确定"按钮对地板文件进行解锁，如图 3-161 所示。

图 3-160

Step2： 按下 V 键，选择移动工具，在地板文件上按下鼠标左键不要松手，拖动到海报的文件名上，当海报的文件名亮起来的时候光标旁边会多一个"+"号，继续拖动地板，放到海报上，完成文件的移动，如图 3-162 所示。

图 3-161　　　　　　　　　　　　　　图 3-162

Step3： 我们发现木板的宽度不够，所以要复制一个木板副本出来。使木板处于当前图层，按下快捷键 Ctrl+J 复制当前图层，将两个图层的木板拼接起来，会发现拼接处拼接痕迹比较明显，很不自然，如图 3-163 所示。

Step4： 选中木板副本，按下自由变换快捷键 Ctrl+T，单击鼠标右键，在弹出的快捷菜单中执行"水平翻转"命令，对木板进行水平翻转，使左右两块木板对称，这样在进行拼接的时候就会比较自然，如图 3-164 所示。

自由变换典型工作任务四
步骤解析

102 　项目三　修图篇

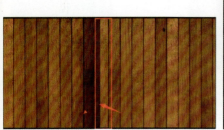
图 3-163

图 3-164

Step5： 移动木板位置，使之自然地拼接到一块。同时选中两个木板所在的图层，然后单击鼠标右键，在弹出的快捷菜单中执行"合并图层"命令，使两个木板图层合并到一起，效果如图 3-165 所示。

Step6： 按下自由变换快捷键 Ctrl+T，然后单击鼠标右键，在弹出的快捷菜单中执行"透视"命令，如图 3-166 所示。

Step7： 调节角点，使木板具有透视效果，调整完成后按 Enter 键确认操作。然后调整图层的顺序，完成海报制作，如图 3-167 所示。

图 3-165

图 3-166

图 3-167

典型工作任务五：将平面的蝴蝶变成立体的蝴蝶

任务解析：

在海报制作时，我们经常会找一些鲜花、蝴蝶、小鸟等元素做点缀，如果直接用平面的元素会很不自然，很容易看出合成痕迹，因此需要将这些元素处理成立体的，以增加画面的真实感。

知识点讲解：

选择变形工具后，选区表面即被分割成 9 块长方形，每个交点即作用点，针对某个作用点按住鼠标左键并移动鼠标即可以对选区进行适当的变形。

步骤解析：

Step1： 打开 Photoshop，导入素材。用魔棒工具抠掉蝴蝶的背景，按下自由变换快捷键 Ctrl+T，单击鼠标右键，在弹出的快捷菜单中执行"变形"命令，会出现如图 3-168 所示的控制柄，每个角点有 2 条控制线。

Step2： 移动右上角的角点，如图 3-169 所示。

图 3-168

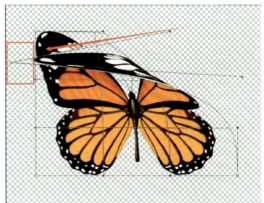
图 3-169

Step3： 调节右上角角点的控制线，如图 3-170 所示。
Step4： 移动右下角的角点，如图 3-171 所示。

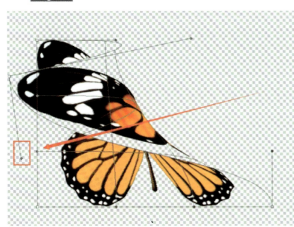
图 3-170

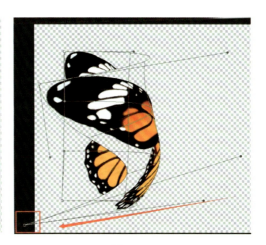
图 3-171

Step5： 调节右下角角点的控制线，如图 3-172 所示。
Step6： 移动左下角的角点，如图 3-173 所示。

图 3-172

图 3-173

Step7：调节左下角角点的控制线，调节左上角的角点，如图 3-174 所示。

Step8：按 Enter 键确认操作，如图 3-175 所示。

图 3-174　　　　　　　　　　　　　　图 3-175

Step9：将蝴蝶移动到鲜花文件里，按下自由变换快捷键 Ctrl+T，调整蝴蝶的大小、位置，进行相应的旋转，得到如图 3-176 所示的效果。

Step10：按照不同的方式移动角点和控制线，将会得到不同的效果，为了增加对比，拖入一个没有变形的蝴蝶到鲜花文件中，我们会发现经过变形的两只蝴蝶更加生动，如图 3-177 所示。

图 3-176　　　　　　　　　　　　　　图 3-177

典型工作任务六：修复变形的衣服

任务解析：

由于产品本身或者摄影师拍摄水平、拍摄角度的问题，会造成一些拍摄的商品图片效果不是很好，因此需要进行后期处理，这里需要我们对 T 恤图片进行修复。

步骤解析：

Step1：打开 Photoshop，导入素材。按下自由变换快捷键 Ctrl+T，先进行旋转，将衣服进行调整，然后单击鼠标右键，在弹出的快捷菜单中执行"变形"命令，如图 3-178 所示。

Step2：将光标放到衣服的左上角进行拖拽，并调节控制线，得到如图 3-179 所示效果，调整好之后，按 Enter 键确认操作。

自由变换典型工作任务六
步骤解析

  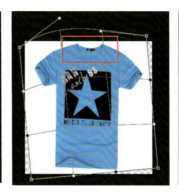 

图 3-178　　　　　　　　　　　　　　　　　　图 3-179

Step3: 利用裁剪工具裁剪多余的部分，如图 3-180（a）所示，最后呈现的效果如图 3-180（b）所示。

（a）　　　　　　　　　　　（b）

图 3-180

第十三讲　"变换"|"再次"

典型工作任务：为海报添加圆点营造气氛

任务解析：

这个任务需要我们绘制一圈大小相同、颜色相同、间隔相同的规律排列的圆，在美工工作中经常会遇到类似的工作任务，需要我们做一些规律变化，这就需要利用 Photoshop 里面的"变换"|"再次"工具，如图 3-181 和图 3-182 所示。

图 3-181　　　　　　　　　　　　　　　　　　图 3-182

"变换"|"再次"的
操作方法讲解

知识点讲解：

"变换"|"再次"的快捷键是 Shift+Ctrl+T。

首先我们要分析一下什么是"变换"|"再次"，再次就是再一次的意思，言外之意不是第一次，而是再一次重复前面的操作，那么前面的操作是什么呢？"变换"|"再次"，再一次的变换，所以前面的动作是"变换"。我们看一下图3-183，"变换"|"再次"是灰色的，不可用的，为什么呢？因为我们还没有做"变换"，所以就没法"再次"。这说明了"变换"|"再次"前要先进行缩放、旋转等"变换"操作，才能进行"再次"操作。

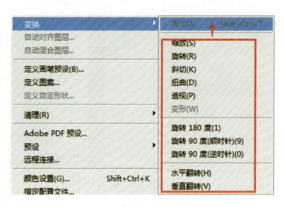
图 3-183

所以要谨记，"变换"|"再次"前面的动作只能是"自由变换"选项单击右键里面的缩放、旋转等"变换"操作或者"编辑"|"变换"后面的缩放、旋转等"变换"操作。哪怕是简单的位置移动，也不能用移动工具，因为如果用移动工具移动位置，执行的不是"变换"动作，后面将无法使用"变换"|"再次"命令重复前面的移动动作。如果用自由变换的移动功能进行位置移动，"变换"|"再次"命令将被激活，可以重复前面的位置移动命令。

1. 缩小 + 移动

微案例：制作一排鸭子在水中游的效果，每个鸭子之间的间距相等，等比例缩小，形成近大远小的透视效果。

（1）将鸭子抠出来移动到小河文件里，修改鸭子所在的图层名字为"鸭子"，调节鸭子的大小和位置，如图 3-184 所示。

（2）按快捷键 Ctrl+J 复制鸭子图层，得到"鸭子副本"，即第二只鸭子。接下来我们要对第二只鸭子进行移动和缩小"变换"。按快捷键 Ctrl+T 执行"自由变换"命令，当把光标放到变换框里面，光标会变成黑色三角形，这个时候就具备了移动工具的功能，然后将鸭子往后移动一些。这里要注意的是，千万不要用移动工具移动鸭子，不然无法执行"变换"|"再次"命令。接着按住 Shift 键拖动角点，

图 3-184

对鸭子进行等比例缩小，调节完成后按 Enter 键确认操作。到了这里我们就做完了"变换"的全部动作——移动和缩小，如图 3-185 所示。

（3）执行"编辑"|"变换"|"再次"命令，我们发现这个命令确实复制了前面的"变换"动作——移动和缩小，第二只鸭子往后移动并缩小了，如图 3-186 所示。但这不是我们想要的结果，我们希望第二只鸭子不动，出现的第三只鸭子往后移动并缩小。前面介绍移动工具的时候讲过，在同一个文件之内移动并复制出来一个元素，需要在移动的时候按住 Alt 键。所以我们在进行再次"变换"的时候不妨加一个键，这样"变换"|"再次"的快捷键就变成了 Alt+Shift+Ctrl+T。

（4）按快捷键 Ctrl+Z 撤销前面错误的"变换"|"再次"操作，同时按下快捷键 Alt+Shift+Ctrl+T，果不其然，得到了我们想要的结果，每按一下快捷键，就会多出一只鸭子，并且往后等距移动并等比缩小，如图 3-187 所示。

复制鸭子　　　　　　　　　　自由变换

移动鸭子　　　　　　　　　　等比例缩小鸭子

图 3-185

图 3-186

按一次组合键　　　　　　按两次组合键　　　　　　按三次组合键

图 3-187

2. 旋转 + 缩小

微案例：利用花瓣做一个等比旋转和缩小的特效。

（1）利用快速选择工具抠出花瓣，并将其移动到新建的图层上，调节好大小和位置，如图 3-188 所示。

（2）按下快捷键 Ctrl+J 复制第二片花瓣，按快捷键 Ctrl+T 对第二片花瓣进行"变换"操作，第一步先移动花瓣的旋转中心到框外面，然后对花瓣进行旋转，最后按住 Shift 键对花瓣进行等比例缩小。按 Enter 键确认操作，完成对花瓣的"变换"操作——旋转和缩小，如图 3-189 所示。

（3）同时按下快捷键 Alt+Shift+Ctrl+T 进行"变换"|"再次"，多次按下后，得到如图 3-190 所示效果。

图 3-188

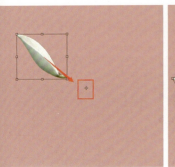
移动旋转中心

进行旋转

等比例缩小

图 3-189

图 3-190

"变换"|"再次"典型工作任务步骤解析

步骤解析：

Step1： 选择矩形选框工具，按住 Shift 键创建一个浅蓝色的小圆，如果想有立体效果可以添加投影，如图 3-191 所示。

Step2： 按下快捷键 Ctrl+J 复制第二个小圆，按快捷键 Ctrl+T 对第二个小圆进行"变换"操作。首先移动小圆的旋转中心到大圆的圆心，然后对小圆进行旋转，最后按 Enter 键确认操作，完成对小圆的"变换"操作——旋转，如图 3-192 所示。

图 3-191

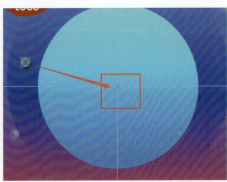

图 3-192

Step3： 同时按下快捷键 Alt+Shift+Ctrl+T 进行再次"变换"，多次按下后，得到如图 3-193 所示效果。

Step4： 完成企业元素的设计，得到如图 3-194 所示海报。

图 3-193

图 3-194

第十四讲　渐变工具

典型工作任务一：制作渐变文字

任务解析：
制作详情页售后服务模块中的渐变文字。

知识点讲解：
使用渐变工具可以创建多种颜色之间的逐渐混合，这种混合模式可以是从前景色到背景色的过渡，可以是前景色与透明背景之间的相互过渡，也可以是任意喜欢颜色之间的过渡，渐变工具的使用方法很简单，在需要做渐变的区域单击然后拉一条线就可以了，Photoshop 会自动根据设置添加渐变，因此使用渐变工具的关键在于渐变工具相关参数的设置。渐变工具选项栏如图 3-195 所示。

渐变工具知识点讲解

图 3-195

（1）渐变下拉列表框：在此下拉列表框中显示渐变颜色的预览效果图。单击其右侧的倒三角形按钮，可以打开渐变的下拉面板，在其中可以选择一种渐变颜色进行填充。将鼠标指针移动到渐变下拉面板的渐变颜色上，会提示该渐变的颜色名称。

（2）渐变类型：选择渐变工具后会有 5 种渐变类型可供选择，分别是"线性渐变""径向渐变""角度渐变""对称渐变"和"菱形渐变"。这 5 种渐变类型可以完成 5 种不同效果的渐变填充效果，其中默认的是"线性渐变"。5 种不同的渐变效果如图 3-196 所示。

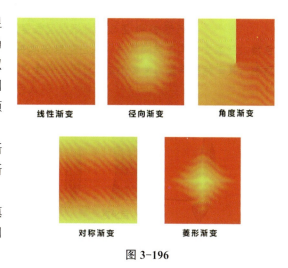
图 3-196

（3）模式：选择渐变的混合模式。

（4）不透明度：添加渐变的不透明度。

（5）反向：勾选该复选框后，填充后的渐变颜色刚好与用户设置的渐变颜色相反。

（6）仿色：勾选该复选框后，可以用递色法来表现中间色调，使用渐变效果更加平衡。

（7）透明区域：勾选该复选框后，将打开透明蒙版功能，使渐变填充可以应用透明设置。

单击工具选项栏上的渐变条，可以打开"渐变编辑器"对话框，如图 3-197 所示。

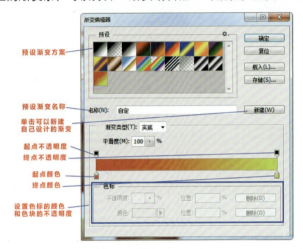

图 3-197

（1）预设：系统保存的已经预设好的渐变方案。

（2）名称：每个渐变的名称，可以在此处为自己要添加的渐变方案起名。

（3）新建：如果对系统里预设的渐变方案不满意，可以自己设计渐变方案，设计好之后，在"名称"中起一个名字，单击"新建"按钮可以将自己设计的渐变方案保存到"预设"中，方便以后使用。

（4）设置颜色：在渐变颜色条上单击"色标"按钮，激活选项组中的"颜色"下拉列表，单击颜色框，即会弹出"拾色器"对话框，其实直接在渐变条上双击"色标"按钮也可以弹出"拾色器（色标颜色）"对话框，在弹出的"拾色器（色标颜色）"对话框里面设置颜色即可，如图 3-198 所示。

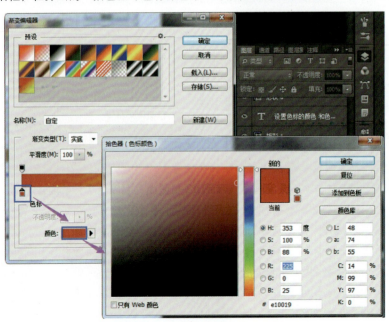

图 3-198

(5)添加色标:如果想给渐变颜色指定多种颜色,首先把鼠标指标移动到渐变颜色条下方,当出现一个"小手"形状时单击,渐变颜色条的下方便会多出色标,然后按照上面的方法设置色标的颜色即可。

(6)删除色标:选中多余的色标后,单击"位置"文本框的"删除"按钮,或者直接将渐变色标拖出渐变颜色条即可删除多余的色标。

(7)设置色标位置:设置好每个色标的颜色之后,还要指定每个色标在渐变颜色条上的位置以及两种颜色之间的中点位置,这样整个渐变颜色编辑才算完成。

设置渐变位置的方法如下:

①选择渐变色标,然后单击并拖动。

②选择渐变颜色标志,然后在"位置"文本框中输入一个值,就是位置。

③如果要设置两种颜色之间的中点位置,则可以在渐变颜色条上选择中点色标,并拖动鼠标指针即可。

(8)设置色块不透明度:设置完色标颜色之后,如果有需求,还可以设置色块的不透明度。选中不透明度色标,分别在色标区域中的"不透明度"和"位置"文本框中设置不透明度和位置,还可以调整这两个不透明度色标之间的中点位置。除此之外我们还可以根据需求添加和删除不透明度色标,其方法和添加、删除颜色色标相同。

步骤解析:

Step1: 选择横排文字工具,输入"30天内无理由退换货",设置文字的字体、字号、位置,如图3-199所示。

渐变工具典型工作任务一步骤解析

图3-199

Step2: 对文字进行渐变。

方法1:设置渐变效果,选择渐变预设里面的"橙、黄、橙渐变",选择"线性渐变"选项,如图3-200(a)所示。按下Ctrl键单击"30天内无理由退换货"文字图层的缩略图,对文字创建选区,如图3-200(b)所示。我们不能直接在文字图层上添加渐变,所以需要在文字图层上方新建一个普通图层,如图3-200(c)所示,然后用选择渐变工具在文字上从左往右拉出一条渐变,效果如图3-201所示。

方法2:设置渐变效果,选择渐变预设里面的"橙、黄、橙渐变",选择"线性渐变"选项。按下Ctrl键单击"30天内无理由退换货"文字图层的缩略图,对文字创建选区。选中文字图层,单击鼠标右键并在弹出的快捷菜单中执行"栅格化文字"命令将文字栅格化,文字图层的特殊标志"T"消失,文字图层变成了普通图层,如图3-202所示,选择渐变工具在文字上从左往右拉出一条渐变,效果如图3-201所示。

方法 3：选中文字图层，单击"图层"面板下方的"添加图层样式"按钮，选择"渐变叠加"选项，在弹出的"图层样式"对话框中设置渐变效果，选择渐变预设里面的"橙、黄，橙渐变"，选择"线性渐变"选项。设置完成后单击"确定"按钮即可，如图 3-203 所示。

（a）
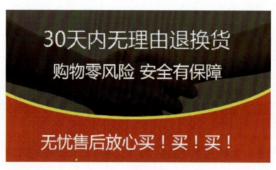
（b）

（c）

图 3-200

图 3-201

图 3-202

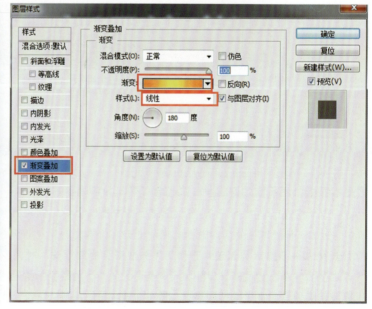

图 3-203

细心的读者会发现这 3 种方法涉及的知识点有所不同,所以通过这个案例告诉大家在 Photoshop 里,千万不要被自己的固有思维限制,一定要多动脑,多思考,遇到问题的时候不要急于下手,要先思考,然后用最简单的方法、最好用的工具解决问题。

典型工作任务二:为产品制作高光效果

任务解析:

为手机图片制作高光效果。

步骤解析:

Step1: 打开 Photoshop,导入图 3-204 所示图片素材。因为左上角已经做了高光效果,所以我们接下来在右下角做一个类似的高光效果。选择钢笔工具创建如图 3-205 所示的选区。

Step2: 将前景色设置成白色,选择"前景色到透明渐变""线性渐变"选项,如图 3-206 所示。

Step3: 单击颜色条,激活"渐变编辑器",设置起点色块的不透明度为 60%,位置为 0%,终点色块的不透明度为 0%,位置为 85%,如图 3-207 所示。

Step4: 在选区内从右下角向左上角拉渐变,效果如图 3-208 所示。

图 3-204

图 3-205

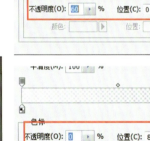
图 3-206

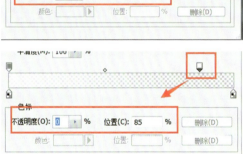
图 3-207

图 3-208

PROJECT FOUR

项目四 应用提高篇

第一讲 字体设计

折纸字设计

典型工作任务一：为海报设计折纸字效果

任务解析：
为广告词"全场五折"设计折纸字效果。

步骤解析：

Step1： 打开 Photoshop，新建一个空白文档，填充背景色为蓝色，选择横排文字工具，输入广告词"全场五折"，调整文字的字体、字号和位置，如图 4-1 所示。

Step2： 新建一个图层，命名为"投影"。选择矩形选框工具创建一个矩形。将前景色设置成深蓝色，选择渐变工具，打开"拾色器"，选择前景色到透明渐变，在矩形选框内做线性渐变，效果如图 4-2 所示。

Step3： 按快捷键 Ctrl+D 取消选区。选择移动工具，按 Alt 键移动并复制一个"投影"出来，将其移动到"全"字的撇下面，按快捷键 Ctrl+T 对其进行自由变换、旋转角度和调节大小，如图 4-3 所示。

Step4： 将投影副本图层调到文字图层上面，按下快捷键 Alt+Ctrl+G 创建剪贴蒙版，使投影只能在文字上显现出来，如图 4-4 所示。

图 4-1

图 4-2

图 4-3

Step5： 分别复制两个投影移动到"全"字及其他需要做这种效果的地方，按照需求进行旋转，如图 4-5 所示。

Step6： 调节大小，并做剪切蒙版，"全"字的折纸效果就出来了，如图 4-6 所示。同理，在其他字需要做折纸效果的地方用投影做剪切蒙版。最终效果如图 4-7 所示。

图 4-4

图 4-5

图 4-6　　　　　　　　　　　　　　　　图 4-7

典型工作任务二：为海报设计粉笔字效果

任务解析：
为广告词"全场五折"设计粉笔字效果。

步骤解析：
Step1： 打开 Photoshop，新建一个空白文档，填充背景色为黑色，选择横排文字工具，输入广告词"全场五折"，调整文字的字体、字号和位置，如图 4-8 所示。

Step2： 将文字填充成深灰色，其实填充什么颜色都无所谓，这里填充成深色是为了后续做粉笔字效果的时候更加直观。新建一个图层，按快捷键 Alt+Ctrl+G 创建剪贴蒙版，如图 4-9 所示。

图 4-8　　　　　　　　　　　　　　　　图 4-9

Step3： 选择画笔工具，将笔刷设置为硬边圆，画笔大小设置为 1 像素，硬度设置为 100%，前景色设置为白色，如果想要粉色的粉笔字，前景色可以设置成粉色。

Step4： 选择新建的"图层 1"为当前图层，用画笔工具在文字区域大概 45°的方向斜着进行涂抹，效果如图 4-10 所示。其实如果前面将"全场五折"这几个字填充成黑色，这里的涂抹效果更加明显，文字逐渐显现。

Step5： 继续用画笔涂抹，直至所有的文字都出现，效果如图 4-11 所示。

图 4-10　　　　　　　　　　　　　　　图 4-11

Step6： 到这里为止粉笔字效果就已经做出来了，但是当我们把黑色的背景换成绿色的时候发现，粉笔字透出的背景仍然是后面的黑色背景，如图 4-12 所示。因此接下来我们进行改良，使粉笔字透出来的背景能随着背景的变化而变化。

Step7： 按住 Ctrl 键单击文字图层的缩略图，得到如图 4-13 所示的选区。

图 4-12　　　　　　　　　　　　　　　图 4-13

Step8： 选中"图层 1"，按快捷键 Alt+Ctrl+G 释放剪贴蒙版，如图 4-14 所示。

Step9： 按反向选择快捷键 Shift+Ctrl+I，选中文字以外的区域，然后按 Delete 键，删掉多余的"粉笔"，如图 4-15 所示。

图 4-14　　　　　　　　　　　　　　　图 4-15

Step10： 按快捷键 Ctrl+D 取消选区，隐藏或者删除文字图层，得到如图 4-16 所示效果，此时我们不管怎么修改，黑板颜色都能呈现粉笔字效果。

图 4-16

典型工作任务三：为海报制作卡通字

任务解析：

在做设计时，有时需要我们自己设计字体，今天就给大家讲一下用钢笔工具设计卡通字的方法。要求效果如图 4-17 所示。

图 4-17

步骤解析：

Step1： 打开 Photoshop，新建一个空白文档，填充背景色为蓝色，我们首先来分析一下这个卡通字的特征，整体上是左宽右窄、上宽下窄。因此我们用钢笔工具勾图的时候要遵循这个规律，如图 4-18 所示。

Step2： 选择文字工具，输入我们需要的广告词，如图 4-19 所示。

图 4-18　　　　　　　　　　　　　　　图 4-19

Step3： 选择钢笔工具，单击"形状"按钮，填充红色，无描边，如图 4-20 所示。

Step4： 在原来字的基础上用钢笔工具按照左宽右窄、上宽下窄的规律勾勒文字的笔画，会新建一个形状图层，如图 4-21 所示。

图 4-20　　　　　　　　　　　　　　　图 4-21

Step5： 勾画"双"的笔画，如图 4-22 所示。

Step6： 同理，按照左宽右窄、上宽下窄的规律勾勒出其他笔画，隐藏或者删除原背景图层，得到如图 4-17 所示效果。

项目四 应用提高篇 117

图 4-22

通过这个文字设计案例我们发现其实文字设计并不难,关键是找到想要设计字体的规律,然后遵循规律进行设计,就能得到自己想要的效果。

第二讲 工具综合应用

本节的实训任务都是综合实训,考察的知识点比较综合,不仅考查了大家对工具的综合应用,还考查了大家分析问题、解决问题的能力。因此是对大家前期学习情况的一个很好的检测,所以建议大家在做任务之前,不要看步骤解析,尝试着独立完成实训。先分析提供的素材和 JPG 格式的效果图,根据任务解析部分的"考查的知识点"里面的提示分析做出效果图要用到哪些工具、哪些属性,尝试着去做,做完之后再看步骤解析,看看哪些效果没有做出来,然后分析原因,找到原因后查缺补漏,完善实训任务,从而提高自己解决实际问题的能力。

工具综合应用典型工作任务一步骤解析

典型工作任务一:处理手表表带

任务解析:

由于拍摄原因,表带内侧的纹理不清晰,如图 4-23 所示,现在需要将问题手表的表带处理成如图 4-24 所示的效果。

本任务考查的知识点包括:钢笔工具抠图、自由变换、剪贴蒙版、图像调色。

图 4-23　　图 4-24

步骤解析:

Step1: 用钢笔工具将问题手表的表带抠出来,用钢笔工具建立好路径之后,单击鼠标右键,在弹出的快捷菜单中执行"建立选区"命令,羽化 0.5 个像素。新建一个图层,为刚才新建的选区填充一个颜色,这里填充什么颜色无所谓,因为我们只是要选区的形状,如图 4-25 所示。

Step2: 找一张拍摄效果好的图片,用钢笔工具将其表带抠出来。先用钢笔工具建立路径,然后单击鼠标右键,在弹出的快捷菜单中执行"建立选区"命令,羽化 0.5 个像素。选择移动工具,将抠下来的表带移动到纹理不清晰的图中,如图 4-26 所示。

图 4-25　　　　　　　　图 4-26

Step3: 按下自由变换快捷键 Ctrl+T，调节表带的大小和位置，大小稍微比问题表带大一些，如图 4-27 所示。

Step4: 按快捷键 Alt+Ctrl+G 做剪贴蒙版，效果非常好，只是表带的颜色稍微有点深，如图 4-28 所示。

Step5: 添加一个色阶调整图层，将灰色滑块向左调节，得到如图 4-29 所示效果，非常完美。

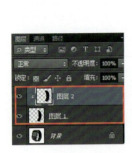

图 4-27　　　　　　　图 4-28　　　　　　　图 4-29

典型工作任务二：为女裤店处理模特图

任务解析：

处理图 4-30 中的地板和模特，并进行色彩调整，得到如图 4-31 所示效果图。

图 4-30　　　　　　　图 4-31

工具综合应用典型工作
任务二步骤解析

本任务考查的知识点包括：缩放图像，内容识别比例，矩形选框工具，自由变换，钢笔工具抠图，图层解锁、新建图层、拷贝图层、图层顺序等，液化滤镜，调整图层。

步骤解析：

Step1: 打开 Photoshop，导入素材，如图 4-32 所示。双击背景图层，对图层进行解锁。然后执行菜单栏的"编辑"|"内容识别比例"命令，从图片下方对模特的腿部进行拉伸。

Step2: 按住 Alt 键向上滚动鼠标滚轴放大图像，选择矩形选框工具，选择一块比较好的木地板，按快捷键 Ctrl+J 拷贝选区内的内容，重命名图层为"补丁"，如图 4-33 所示。

Step3: 将"补丁"图层移动到需要修补的地方，按自由变换快捷键 Ctrl+T 对"补丁"图层进行自由变换，如图 4-34 所示。

Step4: 横向拖动"补丁"图层，使其盖住有问题的木板，按下 Enter 键提交自由变换操作，如图 4-35 所示。

Step5：单击"补丁"图层的眼睛图标，隐藏"补丁"图层。按住 Alt 键向上滚动鼠标滚轴放大图像，选择钢笔工具，在模特的脚上做选区，如图 4-36 所示。

Step6：单击"补丁"图层的眼睛图标，显示"补丁"图层。单击"补丁"图层，使其处于活动图层，如图 4-37 所示。

图 4-32

图 4-33

图 4-34

图 4-35

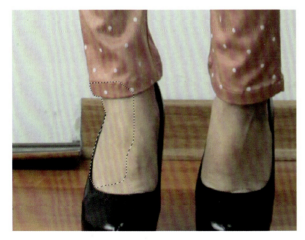

图 4-36

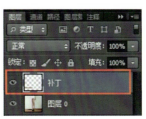

图 4-37

Step7: 按下 Delete 键，删除盖住脚的地板，如图 4-38 所示。按下取消选择快捷键 Ctrl+D 取消选区，得到如图 4-39 所示效果。现在大家发现 Step4 在脚上做选区的目的不是处理脚的问题，只是想通过脚上的选区得到盖住脚的木板，进而删掉这块木板，使脚露出来，这种处理思路在美工设计中很常见，这也要求大家处理问题要有大局观。

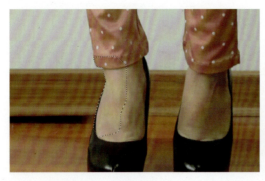
图 4-38

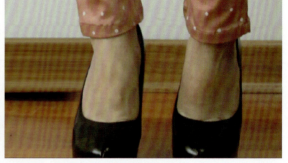
图 4-39

Step8: 接下来我们要处理木板下面一条黑色的阴影问题。选择模特所在的图层为活动图层，选择仿制图章工具，将硬度设置为 50%，按下 Alt 键，在红色圆圈附近定义"源"，在阴影上进行涂抹，得到如图 4-40 所示效果图。

Step9: 对模特的腿部进行液化处理。执行菜单栏的"滤镜"|"液化"命令，对模特的腿部进行瘦身效果处理，如图 4-41 所示。

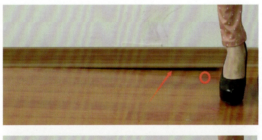

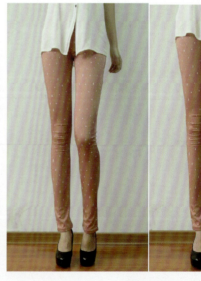

图 4-40　　　　　　　　　图 4-41

Step10: 接下来对图像进行调色。添加"亮度/对比度"调整图层，设置亮度为"40"、对比度为"27"，效果如图 4-42 所示。

Step11: 添加"色彩平衡"调整图层，稍微加点黄色和红色，使画面变成暖色调，如图 4-43 所示。

图 4-42　　　　　　　　　　　　　　　　　　　　　　　图 4-43

典型工作任务三：设计平板电脑海报

任务解析：

为 iPad 平板电脑设计一张海报，在做任务之前先观察素材和 JPG 格式效果图，分析海报都用到了哪些工具、哪些属性、做了哪些效果。不要直接看步骤解析，先尝试独立完成，实在做不出来的效果再看步骤解析，并分析自己没有做出来的原因。

本任务考查的知识点包括：渲染滤镜——云彩、镜头光晕；自由变换；图层样式——投影；图层蒙版；剪贴蒙版；钢笔工具抠图；多边形套索工具抠图；画笔工具；图层混合模式——滤色、正片叠底。

工具综合应用典型工作任务三步骤解析

步骤解析：

Step1： 打开 Photoshop，新建一个 800 像素 × 800 像素的文件。

Step2： 新建一个命名为"云彩"的透明图层，将前景色和背景色分别设置为"浅蓝色"和"白色"，执行菜单栏的"滤镜"|"渲染"|"云彩"命令，得到如图 4-44 所示效果。

Step3： 选择画笔工具，执行"画笔预设"|"设置"|"载入画笔"命令，将"云彩画笔"加载到画笔笔触，选择如图 4-45 左图所示的笔触，将前景色设置成白色，在"云彩"图层上单击添加云彩，可以选择不同的"云彩"笔触在不同的地方添加云彩，使云彩图层具有立体效果，如图 4-45 右图所示。

图 4-44

Step4： 单击"图层"面板上的"添加矢量蒙版"按钮。选择渐变工具，设置从深灰到白色的渐变方案，选择"线性渐变"，在"云彩"蒙版图层上拉渐变，得到如图 4-46 所示效果。

Step5： 选择钢笔工具，将素材"平板"中的平板电脑抠取出来，羽化 1 个像素，拖到海报中。按自由变换快捷键 Ctrl+T，对平板电脑进行缩小、透视，并调节位置，得到如图 4-47 所示效果。

Step6： 单击"图层"面板下方的"添加图层样式（fx）"按钮，勾选"投影"复选框，为平板电脑增加立体感，设置的参数如图 4-48 左图所示，得到图 4-48 右图所示效果。

图 4-45

图 4-46

图 4-47

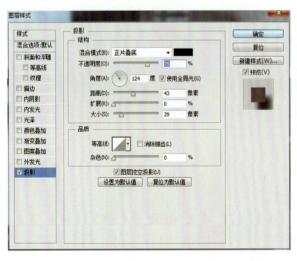

图 4-48

Step7：用多边形套索工具将平板电脑的显示屏抠取出来，按快捷键 Ctrl+C 复制显示屏，按快捷键 Ctrl+V 粘贴显示屏并新建一个图层，重新命名为"显示屏"。

Step8：将素材"山水照片"移动到海报文件中，并置于"显示屏"图层上方，如图 4-49 所示。

Step9：选中"山水素材"图层为当前图层，按快捷键 Alt+Ctrl+G 创建剪贴蒙版，得到如图 4-50 所示效果。

Step10：按快捷键 Ctrl+J 复制"山水素材"，得到"山水素材副本"图层，按快捷键 Alt+Ctrl+G 解除剪贴蒙版，单击"图层"面板下方的"添加图层蒙版"按钮，设置前景色为黑色，用黑色的画笔在"山水素材副本"的图层蒙版上进行涂抹，使平板电脑的屏幕出现立体山水画效果，如图 4-51 所示。

图 4-49

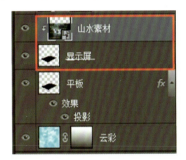

图 4-50

图 4-51

Step11：用钢笔工具在平板电脑的边缘勾画一些不规则形状，填充比平板电脑浅一些的灰色，然后添加图层样式"斜面与浮雕"，得到如图 4-52 所示水滴效果。

Step12：将素材"大树"移动到海报文件里，调节大树的位置，单击"图层"面板下方的"添加图层蒙版"按钮，设置前景色为黑色，用黑色的柔边画笔在大树和山水画的交界处涂抹，使两者能够自然地融合到一起。我们发现大树挡住了很多云彩，设置前景色为白色，选择"云彩"笔触，再添加一些云彩，得到如图 4-53 所示效果。

图 4-52　　　　　　　　　　　　　　图 4-53

Step13：双击素材"蜂鸟"的背景图层进行解锁，选择魔棒工具，在白色背景上单击选中白色背景，按下 Delete 键删除白色的背景，按快捷键 Ctrl+D 取消选区，完成对蜂鸟的抠图。选择移动工具，将蜂鸟移动到海报中，如图 4-54 所示。

Step14：按下自由变换快捷键 Ctrl+T，对蜂鸟进行大小、位置、角度的变换，得到如图 4-55 所示效果。

图 4-54　　　　　　　　　　　　　　图 4-55

Step15：新建一个图层命名为"光晕"，填充黑色，执行菜单栏的"滤镜"|"渲染"|"镜头光晕"命令，具体参数如图 4-56 左图所示，得到如图 4-56 右图所示效果。

Step16：将"光晕"图层的混合模式改为"滤色"，得到如图 4-57 所示效果。

Step17：将素材 Logo 中的 Logo 移动到海报中，放到右下角，将图层混合模式改为"正片叠底"，得到如图 4-58 所示效果。

Step18：按下 Ctrl 键同时选中"山水素材副本"和"大树"图层，按键盘上↑键往上轻移，使立体效果更加明显，得到如图 4-59 所示效果。

Step19: 整体效果微调。调节投影的距离、镜头光晕的大小和位置、蜂鸟的位置、Logo 的位置，最后效果如图 4-60 所示。

图 4-56　　　　　　　　　　　　　　　　　　　　　　　　图 4-57

图 4-58　　　　　　　　　　图 4-59　　　　　　　　　　图 4-60

典型工作任务四：设计女包活动海报

任务解析：

为一家新开业的店铺设计一张活动海报，在做任务之前先观察素材和 JPG 格式效果图，分析海报都用到了哪些工具、哪些属性。做了哪些效果，不要直接看步骤解析，先尝试独立完成，实在做不出来的效果再看步骤解析，并分析自己没有做出来的原因，参考效果如图 4-61 所示。

图 4-61

本任务考查的知识点包括：新建文件、新建图层、复制图层、图层顺序等；椭圆选框工具；图层样式，投影、渐变叠加、描边；选择性粘贴——贴入/剪贴蒙版；自定义形状工具；钢笔工具；自由变换；画笔工具。

工具综合应用典型工作任务四步骤解析

步骤解析：

Step1： 新建一个 980 像素 ×400 像素的文件，填充黄色作为背景，如图 4-62 所示。

Step2： 新建一个空白图层，分别添加一条横、竖参考线，使两者的交点在中间偏上的位置。选择椭圆选框工具，以参考线的交点为起点画圆的同时按下快捷键 Alt+Shift，得到以参考线的交点为圆心的正圆，填充白色，如图 4-63 所示。

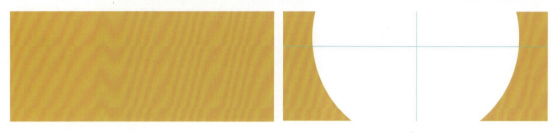

图 4-62　　　　　　　　　　　　图 4-63

Step3： 按照同样的方法创建一个小一点的同心圆，填充棕色，如图 4-64 所示。

Step4： 按照同样的方法再创建一个小一点的同心圆，选择渐变工具，设置颜色的渐变方案是浅红到深红，选择"径向渐变"，以圆心为起点向外拉渐变，得到从浅红到深红的渐变，如图 4-65 所示。

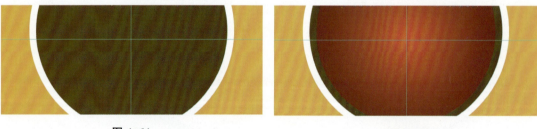

图 4-64　　　　　　　　　　　　图 4-65

Step5： 为白色的圆添加"投影"图层样式，调整投影角度为 90°，如图 4-66 所示。

Step6： 新建图层，选择矩形选框工具，创建左边的小圆。添加从白到黄的线性渐变，然后添加"投影"图层样式，调整投影角度为 90°，如图 4-67 所示。

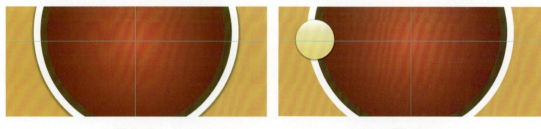

图 4-66　　　　　　　　　　　　图 4-67

Step7： 按住 Ctrl 键单击小圆的缩略图，建立选取。执行菜单栏的"选择"|"修改"|"收缩"命令，在弹出的"收缩选区"对话框中设置收缩量为 6 像素，收缩选取，如图 4-68 所示。

Step8： 在"小圆"图层的上方新建一个图层"小圆内圆"，随便填充一种颜色，因为后面做剪贴蒙版时会把颜色盖住，所以这里填充什么颜色都无关紧要，我们要的是小圆内圆的区域，如图 4-69 所示。

图 4-68　　　　　　　　　　　　　　图 4-69

Step9: 同时选中"小圆"和"小圆内圆"两个图层，按快捷键 Ctrl+J 复制当前活动图层，得到"小圆副本"和"小圆内圆副本"两个图层，然后将其移动到如图 4-70 所示的位置。

Step10: 将素材"产品 1"中的女包移动到海报中，置于"小圆内圆"图层的上方，按下自由变换快捷键 Ctrl+T，对女包进行缩放，如图 4-71 所示。

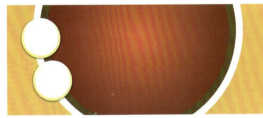

图 4-70　　　　　　　　　　　　　　图 4-71

Step11: 按下快捷键 Alt+Ctrl+G，对女包创建剪贴蒙版，调节女包的大小和位置，得到如图 4-72 所示效果。

Step12: 按照同样的方法将素材"产品 2"中的女包放到第二个小圆内，如图 4-73 所示。

图 4-72　　　　　　　　　　　　　　图 4-73

Step13：用钢笔工具将素材"产品3"中的白色女包抠出来，移到海报里面，放到合适的位置，如图4-74所示。

Step14：选择自定义形状工具，选择星爆标签，填充黄色，无描边，在海报右下角画一个星爆，如图4-75所示。

图 4-74　　　　　　　　　　　　　　图 4-75

Step15：选择横排文字工具，输入"送"字，添加"描边"图层样式，描边颜色和文字颜色应一样，大小为1个像素，起到文字加粗的效果，如图4-76所示。

Step16：输入文字"新店酬宾"，添加"渐变叠加"图层样式，设置从浅黄到深黄的渐变方案，渐变样式设置为"线性"，得到如图4-77所示效果。

图 4-76　　　　　　　　　　　　　　图 4-77

Step17：依次添加其他的文字，如图4-78所示。

Step18：新建一个空白图层，选择画笔工具，设置前景色为金黄色，选择星形画笔笔刷，为图片添加发光效果，如图4-79所示。

图 4-78　　　　　　　　　　　　　　图 4-79

典型工作任务五：设计显示器海报

任务解析：

用提供的素材为显示屏设计一张活动海报。

本任务考查的知识点包括：新建文件、新建图层、复制图层、图层顺序等渐变工具；钢笔工具；选择性粘贴——贴入/剪贴蒙版；自由变换；蒙版；图层混合模式。

步骤解析:

Step1: 新建一个 1276 像素 ×1724 像素的文件,命名为"显示器海报"。选择渐变工具,填充深蓝到浅蓝渐变,如图 4-80 所示。

Step2: 新建图层,用钢笔工具勾画底部形状,转化为选区,填充棕色,向下移动选区,依次填充蓝色和灰色,如图 4-81 所示。

Step3: 用钢笔工具到素材"电脑"中抠取显示器,选择移动工具将其移动到显示器海报上。按下自由变换快捷键 Ctrl+T,将显示器缩放到合适的大小,如图 4-82 所示。

工具综合应用典型工作任务五步骤解析

图 4-80

图 4-81

图 4-82

Step4: 做显示器倒影。按下复制图层快捷键 Ctrl+J,复制一个显示器,按下自由变换快捷键 Ctrl+T 对显示器进行自由变换——垂直翻转,并移动到合适的位置,如图 4-83 所示。

Step5: 调节显示器副本的不透明度为 30% 左右,并调节图层顺序,将其调到棕色图层下面,效果如图 4-84 所示。

Step6: 为显示屏副本添加图层蒙版,并在图层蒙版上拉出黑白渐变,使显示屏副本出现渐隐渐现的倒影效果,如图 4-85 所示。

图 4-83

图 4-84

图 4-85

Step7：通过选择性粘贴——贴入或者剪贴蒙版的方法将素材"屏保－大海"放到计算机显示屏里面，如图4-86所示。

Step8：将素材"冲浪者"移动到显示器海报里，放到显示屏上方，如图4-87所示。

Step9：为冲浪者添加图层蒙版，用黑色画笔进行涂抹，这里画笔大小不能太小，画笔大小可以是175，硬度为0%，如果涂掉的太多可以将前景色切换成白色，用白色的画笔涂抹还原，使冲浪者呈现出一种从计算机显示屏冲出来的感觉，如图4-88所示。

图 4-86　　　　　　　　　　图 4-87　　　　　　　　　　图 4-88

Step10：将素材"显示器"移动到显示器海报里，调节好大小和位置，如图4-89所示。

Step11：将素材"显示器"的混合模式改为"变暗"，不仅免去了抠图，还保留了原来的阴影，使其更好地和背景融合到一起，如图4-90所示。

Step12：将素材"商标"移动过来放到左上角，并为广告图添加文字，完成海报的设计，如图4-91所示。

  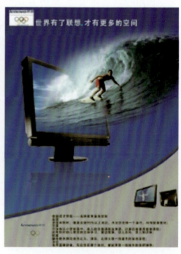

图 4-89　　　　　　　　　　图 4-90　　　　　　　　　　图 4-91